Sistemi za podršku planiranju poslovnih resursa u organizacijama u Srbiji

DARKO STEFANOVIĆ

SRĐAN SLADOJEVIĆ

Naziv udžbenika:	"Sistemi za podršku planiranju poslovnih resursa u organizacijama u Srbiji"
Autori:	Dr Darko Stefanović, docent, FTN Novi Sad, Srbija Dr Srđan Sladojević, docent, FTN Novi Sad, Srbija
Recenzenti:	Dr Aleksandar Rakić, docent, ETF Beograd, Srbija Dr Dubravko Ćulibrk, vanredni profesor, Uni. Trento, Italija Dr Bojan Lalić, FTN Novi Sad, Srbija
Grafička priprema:	Dr Srđan Sladojević
Likovna obrada:	Dr Darko Stefanović

Novi Sad, maj 2014

ISBN: 1495398552
ISBN-13: 978-1495398551

Predgovor

"Sistemi za podršku planiranju poslovnih resursa" predstavlja jedan od predmeta na Departmanu za industrijsko inženjerstvo i menadžment na Fakultetu tehničkih nauka, Univerziteta u Novom Sadu. Predmet je akreditovan na dva studijska programa: Inženjerski menadžment i Inženjerstvo informacionih sistema i ima za cilj da studente treće godine studija osposobi za razumevanje koncepta integrisanih poslovnih procesa korišćenjem sistema za podršku planiranju poslovnih resursa i izučavanje tehnoloških i softverskih rešenja koja se frekvetno primenjuju u domenu rada i poslovanja realnih sistema. Saglasno tome, publikacija "Sistemi za podršku planiranju poslovnih resursa u organizacijama u Srbiji" predstavlja udžbenik čiji je cilj da studentima, koji slušaju ovaj predmet, olakša praćenje predavanja i ispunjenje nastavnih obaveza koje proističu iz predmeta. Pored toga, ovaj udžbenik sadrži i celine koje pomažu u savladavanju jednog dela gradiva koje se izlaže na predavanjima iz predmeta "ERP eksploatacija, održavanje i nadogradnja".

Sadržaj udžbenika "Sistemi za podršku planiranju poslovnih resursa u organizacijama u Srbiji" organizovan je u pet poglavlja.

U poglavlju 1 – uvodna razmatranja – je opisan odnos savremenog poslovnog okruženja i informaciono - komunikacionih tehnologija (IKT) kao osnovnog alata za poboljšanje efektivnosti, efikasnosti i konkurentnosti proizvodno - poslovnih sistema.

U poglavlju 2 – teorijske podloge – su opisani upravljanje proizvodnjom, planiranje proizvodnje i priprema procesa rad, upravljanje proizvodnjom podržano

računarom, savremeno proizvodno i poslovno okruženje, informaciono komunikacione tehnologije u kontekstu proizvodnje i poslovanja, evolucija poslovnih informacionih sistema, definicije ERP sistema i akademska istraživanja u vezi sa ERP sistemima.

U poglavlju 3 – implementacija sistema za planiranje poslovnih resursa (ERP) – su predstavljeni razlozi za implementaciju ERP sistema, životni ciklus ERP sistema, strategije i pristupi implementacije ERP sistema, ERP sistemi i reinženjering poslovnih procesa, izazovi implementacije ERP sistema, kritični faktori uspeha, nadogradnja ERP sistema i aktuelni trend ERP sistema.

U poglavlju 4 – sistemi za podršku planiranju poslovnih resursa (ERP) u organizacijama u Srbiji – su prezentovani stavovi stručnjaka i praktikanata u oblasti ERP sistema, ERP implementaciona iskustva izabranih organizacija u Srbiji i prototip integrisanog softverskog rešenja za planiranje proizvodnje i pripremu procesa rada.

U poglavlju 5 – Paneon softversko rešenje za automatizaciju poslovanja preduzaća – je prikazano softversko rešenje Paneon. Razvijeno kao Web aplikacija u .NET tehnologiji, predviđeno je za automatizaciju poslovanja malih i srednjih preduzeća.

U poglavlju 6 – literatura – je navedena literatura korišćena u udžbeniku.

Dokumentovani prilozi su:

Prilog A: Ekranske forme i izveštaji – prototip softverskog rešenja za planiranje proizvodnje i pripremu procesa rada,

Prilog B: Web upitnik – ERP sistemi u organizacijama u Srbiji i

Prilog C: Pitanja za intervjue – korišćena tokom posete izabranim organizacijama.

Udžbenik je koncipiran tako da ciljnu populaciju čitalaca čine, pre svega, studenti treće godine studija na Departmanu za industrijsko inženjerstvo i menadžment, koji treba da steknu određena znanja iz oblasti koje udžbenik pokriva, ali isto tako, autori smatraju da ovaj udžbenik može biti od koristi svim čitaocima zainteresovanim za razvoj i implementaciju sistema za podršku planiranju poslovnih resursa u organizacijma. Autori smatraju da ovaj udžbenik može biti od koristi i slušaocima sličnih predmeta ili kurseva, koji se izvode u okviru drugih obrazovnih institucija.

Autori, ovim putem, žele da izraze zahvalnost recenzentima, profesorima dr Aleksandar Rakić, dr Dubravko Ćulibrk i dr Bojan Lalić, na korisnim sugestijama koje su značajno doprinele kvalitetu ovog udžbenika. Takođe, autori se zahvaljuju koleginici Mirjani Dulić na pomoći oko tehničke pripreme ove knjige.

Autori

U Novom Sadu,
maj 2014. godine

SADRŽAJ

Objavljivanje ovog udžbenika realizovano je u okviru projekta „Unapređenje konkurentnosti Srbije u procesu pristupanja Evropskoj Uniji", br. 47028, podržano od strane Ministarstva prosvete, nauke i tehnološkog razvoja Republike Srbije, za period 2011-2015. godine.

1. UVODNA RAZMATRANJA

Globalne prilike savremenog tržišta i nagle promene poslovnog okruženja nameću organizacijama modernizaciju pristupa poslovnim procesima i implementaciju savremenih informaciono – komunikacionih tehnologija (IKT). Organizacije se danas suočavaju sa izazovima kao što su: povećanje konkurencije, širenje tržišta, i rastuća očekivanja korisnika. Samim tim, povećava se pritisak na organizacije da smanje ukupne troškove u celokupnom lancu snabdevanja, drastično smanje zalihe, prošire izbor proizvoda, pruže pouzdanije rokove i kvalitetniju isporuku, poboljšaju kvalitet i efikasno koordiniraju globalnu tražnju, ponudu i proizvodnju [1].

Da bi mogle adekvatno da reaguju na potrebe klijenata, organizacije moraju da ažuriraju svoju poslovnu infrastrukturu i promene način rada. Ključ konkurentnosti leži u infrastrukturi informacionih sistema (IS) koji su usklađeni sa osnovnim poslovnim procesima i razvijeni da podrže isporuku visoko kvalitetnih proizvoda i usluga klijentima u optimalno vreme.

Savremene IKT su viđene od strane organizacija širom sveta kao osnovni alat za poboljšanje efektivnosti, efikasnosti i konkurentnosti. U poslednjih nekoliko decenija, mnoge organizacije su se okrenule poslovno orijentisanim IS, kako bi promenile ili nadogradile svoje IS koji nisu podržavali trenutnu potrebu organizacije za tehnologijom i reagovale na pritisak konkurencije i nove prilike, odnosno mogućnosti koje su se pojavljivale na tržištu [2, 3, 4].

Poslovni informacioni sistemi su skupi i mogu da predstavljaju jedno od najvećih investiranja finansijskih i ljudskih resursa organizacije [5]. Oni

1

takođe, vrlo često donose značajne promene poslovnih procesa u organizaciju integracijom tzv. najboljih praksi u poslovanje organizacije [6, 7, 8]. Danas, sve više organizacija širom sveta, pod pritiskom promena poslovnog okruženja integriše poslovne informacione sisteme u svoje poslovanje, kao osnovu uspešnog upravljanja organizacijom [6, 9, 10, 11, 12].

Postoji više tipova poslovnih informacionih sistema, uključujući *Customer Relationship Management - CRM, Supply Chain Management - SCM, Supplier Relationship Management - SRM, Corporate Performance Management - CPM,* i *Enterprise Resources Planning - ERP* sisteme [6, 13]. Osnovna zajednička karakteristika svih poslovnih informacionih sistema je da oni utiču na zaposlene, veliki broj odeljenja organizacije i poslovne procese organizacije u kojoj se implementiraju. U ovom udžbeniku, fokus je na Sistemima za planiranje poslovnih resursa – ERP sistemima zbog njihovih strateških, ali i operativnih sposobnosti unapređenja poslovanja koje olakšavaju organizacijama da se snađu u promenljivom poslovnom okruženju.

ERP sistemi su transakcioni sistemi koji omogućavaju protok informacija kroz različite poslovne i funkcionalne jedinice u organizaciji [10, 11, 14] i dizajnirani su da integrišu poslovne procese i funkcije i da budu u stanju da pruže holistički pogled na organizaciju [10, 11, 14 15]. Organizacije širom sveta implementiraju ERP sisteme iz različitih razloga, uključujući između ostalih, zamenu starih nasleđenih sistema, standardizaciju sistema i bržu obradu informacija u cilju sticanja strateške prednosti [10, 11, 16, 17, 18]. ERP sistemi su skupi za implementaciju i sam proces je često praćen rizicima. Uprkos teškoćama sa kojima se susreću organizacije prilikom implementacije ERP sistema [6], softverski paketi nastavljaju da se šire globalno [17, 18].

Razumevanje koristi koje donosi ERP sistem i sposobnost da se ove koristi kvantifikuju postaju od ključne važnosti za rukovodioce koji moraju da pravdaju značajne troškove i operativne uticaje sistema na organizaciju [19]. Koristi se obično ne realizuju odmah, samim tim nisu široko prihvaćene prilikom puštanja sistema u rad, već su često potrebni meseci ili godine da se u organizaciju potpuno integrišu sve promene koje donosi novi sistem, odnosno savremene IKT [6, 20]. Posebno u kriznim vremenima, organizacije pokušavaju da učine svoje budžete što manjim i smanje troškove u cilju izbegavanja smanjenja broja zaposlenih, a ponekad i stečaja. Zbog troškova, investiranje u novi poslovni informacioni sistem ili samo nadogradnja postojećeg IS je vrlo teška odluka i veliki izazov za bilo koju organizaciju. Ipak, ostvarena predviđanja da će više od tri milijarde dolara godišnje biti uloženo u tehnološku potrošnju tokom 2010. - 2013. godine [21], jasno pokazuju da organizacije nastavljaju da prepoznaju mogućnosti koje pružaju tehnološke investicije čak i u kriznim vremenima.

Investicije u tehnologiju, kao i sve ostale investicije, proizilaze iz pažljivog razmatranja analiza i procena. Organizacije žele da znaju da li će se tehnološka investicija isplatiti u smislu budućeg uspeha organizacije. Zbog toga je uspeh, odnosno efektivnost IS veoma važna tema u oblasti IS. Mnogi istraživači su pokušali da objasne kako IS utiče na uspeh, odnosno efektivnost organizacije [22, 23, 24, 25, 26]. Takođe, autori pokušavaju da daju doprinos razumevanju kako se savremene IKT, posebno ERP sistemi, mogu integrisati u poslovanje organizacija, odnosno proizvodno – poslovnih sistema.

Industrijska proizvodnja se odvija u kompleksnom ambijentu industrijskog proizvodno-poslovnog sistema i predstavlja složenu delatnost podložnu snažnim i dinamičkim uticajima i poremećajnim dejstvima iz i izvan tog sistema. Promene su osnovni uzrok problema koji se javljaju u poslovanju industrijskih proizvodno – poslovnih sistema. Sposobnost prihvatanja promena, u smislu rešavanja problema donošenjem kvalitetnih odluka i njihovim efikasnim sprovođenjem je osnova opstanka, razvoja i konkurentnosti organizacija. Upravljanje proizvodnjom je zadatak visokog stepena složenosti koji zahteva veliko inženjersko znanje, radne napore i sposobnosti rada sa velikim količinama informacija.

Implementacija poslovnih informacionih sistema, posebno ERP sistema u organizaciji može imati značajan uticaj na poslovne procese [27, 28, 29, 30], kao i na tok informacija u organizaciji [6, 31, 32, 33, 34, 35]. Takođe, zahteva značajnu posvećenost resursa organizacije [15] i stoga je veoma važno da se proceni uspeh, odnosno efektivnost implementiranog ERP sistema.

Takođe, u okviru ovog udžbenika autori razmatraju ERP sisteme na generičkom nivou, posmatrajući osnovne funkcionalnosti i ne prave razliku između najpoznatijih brendova i rešenja za mala i srednja preduzeća. U ranijim studijama je dokazano da se koristi koje organizacija može imati od implementiranih rešenja mogu porediti čak i kada se implementirani ERP sistemi razlikuju [17, 36, 37]. Ovim je objašnjen i potkrepljen izbor autora da u studiji istražuju različite tipove ERP sistema, uključujući i prototip aplikacije za planiranje proizvodnje i pripremu procesa rada koji je razvijan u okviru nastavnih predmeta Automatizacija procesa poslovanja, Projektovanje informacionih sistema i Automatizacija upravljanja proizvodnim sistemima Departmana za industrijsko inženjerstvo i menadžment na Fakultetu tehničkin nauka u Novom sadu.

2. TEORIJSKE PODLOGE

2.1. Proizvodno - poslovni sistem

U savremenoj tržišnoj privredi preduzeća su, kao poslovni subjekti, samostalna u planiranju razvoja i poslovanja, autonomno utvrđuju razvojne ciljeve i poslovnu politiku, vodeći pri tome računa i o širim ograničenjima iz okruženja i opštim uslovima poslovanja. „Industrijski sistem – preduzeće podrazumeva postojanje skupa elemenata – predmeta rada, sredstava rada i učesnika u procesima rada, međusobno vezanih procesima rada koji omogućavaju pretvaranje ulaznih materijala, na osnovama datih informacija i uz ulaganje potrebne energije – električne, toplotne, vazduha pod pritiskom i bioenergije učesnika u procesima rada u proizvode potrebnog i dovoljnog kvaliteta za zadovoljenje potreba potrošača." [38].

2.1.1. Upravljanje proizvodnjom

Termin upravljanje može biti upotrebljen i često se koristi na više različitih načina. Mary Parker Follett, opisuje upravljanje kao "umetnost da se stvari urade pomoću ljudi." Sa stanovišta Peter Drucker-a, oni koji upravljaju daju pravac svojim organizacijama, obezbeđuju liderstvo, i odlučuju kako da se koriste resursi organizacije da bi se ostvarili ciljevi. Richard L. Daft definiše upravljanje kao ostvarenje organizacionih ciljeva na efektivan i efikasan način kroz planiranje, organizovanje, vođenje i kontrolu resursa organizacije [39].

4

Razvojem industrijskih proizvodnih sistema došlo se do stava o upravljanju u realnom vremenu kao prioritetne stvari u obezbeđenju stabilnog rada sistema, u granicama dozvoljenih odstupanja. Odstupanje od zadatih parametara pod dejstvom poremećaja jeste u stvari odrednica potrebe upravljanja sistemom. „Upravljanje je skup postupaka koji obezbeđuju držanje parametara postavljene funkcije cilja[1] u granicama dozvoljenih odstupanja, u datom vremenu i datim uslovima okoline" [40].

Proces proizvodnje se odvija kao proces transformacije nad predmetima rada, a uz pomoć sredstava rada, učesnika i drugih elemenata, koji objedinjeni čine proizvodni sistem. Industrijski proizvodno poslovni sistem, koji je predmet posmatranja i istraživanja u okviru ovog udžbenika, je oblikovan s ciljem da obezbedi pretvaranje ulaznih resursa u željene proizvode.

Upravljanje procesom proizvodnje i industrijskim proizvodno – poslovnim sistemima je samo jedna od oblasti upravljanja, i bazira se na principu parnosti informacija i upravljanja. Princip parnosti nalaže da ne može biti upravljanja ukoliko ne postoje kvalitetne informacije o objektu upravljanja (industrijski proizvodno – poslovni sistem) i pratećim pojavama.

„Procesi rada proizvodnih sistema predstavljaju niz uzastopnih progresivnih promena stanja sistema u vremenu izazvanih izvođenjem projektovanih operacija rada koje obezbeđuju pretvaranje ulaznih (resursi) u izlazne (proizvodi) veličine u skladu sa postavljenom funkcijom cilja" [40]. Potrebno je da se sa posebnim značajem posveti pažnja održavanju projektovanog nivoa parametara procesa rada i izlaznih veličina.

Poremećaji kojima je održavanje projektovanog nivoa funkcionisanja uslovljeno, a koji sistem stavljaju u stanje izvan granica dozvoljenih odstupanja, se najčešće javljaju u obliku: uticaja okoline (u vezi sa promenama u odnosu sistem – okolina) i poremećajnih dejstava u procesima rada sistema (u vezi sa kvalitetom projektovanja, izvođenja, eksploatacije i održavanja delova sistema). Poremećaji se mogu grupisati i u uticaje koji se javljaju u početku rada sistema (sistemski), koji se javljaju zbog nedovoljnog kvaliteta projektovanja, izgradnje odnosno eksploatacije sistema (slučajni) i uticaje – rezultate zamora materijala, dejstva uslova rada (monotono – dejstvujući uticaji) itd. Na slici **1** prikazan je opšti model upravljanja.

---

[1] Funkcija cilja ili funkcija kriterijuma predstavlja meru usaglašenosti između zahteva donosioca odluka, uslova okoline i parametara procesa rada. Funkcija cilja dobija svoj puni smisao tek transformacijom u skup konkretnih ciljeva [40].

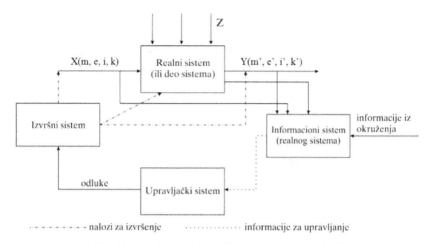

Slika 1: Opšti model upravljanja - N. Vienner [41]

Ulazne parametre (X – torku) čine materijalna, energetska, informaciona i komponenta znanja, koje ulaskom u sistem doživljavaju strukturnu i geometrijsku transformaciju, odnosno prelazak iz jednog oblika u drugi. Rezultat transformacije se ogleda u izlaznoj Y torci.

Sistem je pod određenim uticajem poremećaja Z (uticaji koji utiču na promene izlaznih veličina) zbog čega se, kako je ranije izloženo, vrši upravljanje. Informacije iz izlaznih parametara Y i samog sistema (ukazujući na eventualne poremećaje) se upućuju upravljačkom sistemu, koji dalje, upućivanjem upravljačkih odluka izvršnom sistemu, utiče na reagovanje / uticaj izvršnog sistema na ulazne parametre X, sam sistem i izlazne parametre Y, pri tome vodeći se principom držanja projektovane funkcije cilja u zadatim granicama koje sistem treba da ispuni.

Stoga, upravljanje proizvodnjom u svakom industrijskom proizvodnom sistemu prvenstveno znači:

• usmeravanje proizvodno – poslovne aktivnosti u smeru određenom zahtevima prema sistemu, identifikovanim u njegovom okruženju,

• vršenje stalnog nadzora nad procesima transformacije ulaznih u izlazne parametre sistema i

• upravljačkim akcijama održavanje ishoda pojedinačnih faza rada i rada sistema u celini u granicama dozvoljenih odstupanja.

Funkcija upravljanja proizvodnjom se, u osnovi, temelji na simultanom izvršavanju (uz veća ili manja vremenska preklapanja i vrlo česte iteracije) tri složena procesa, koji će se u okviru ovog udžbenika karakterisati kao podsistemi i prikazani su na slici **2**.

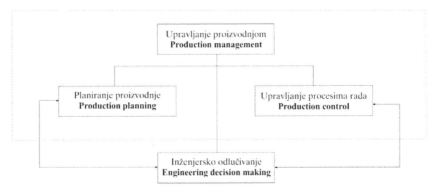

Slika 2: Upravljanje proizvodnjom

2.1.2. Planiranje proizvodnje i priprema procesa rada

U svojoj suštini, planiranje proizvodnje predstavlja osnovu svakog proizvodnog procesa. Njegova svrha je da minimizira vreme proizvodnje i troškove, efikasno organizuje korišćenje resursa i optimizuje efikasnost na radnom mestu. Planiranje proizvodnje obuhvata mnoštvo elemenata proizvodnje, počev od svakodnevnih aktivnosti osoblja do sposobnosti ostvarivanja tačnog vremena isporuke klijentima. Uz efektivano planiranje proizvodnje, bilo koji vid proizvodnje ima mogućnost da iskoristi svoj puni potencijal.

U literaturi se pronalaze brojne definicije pojma planiranja. Jedna od često korišćenih je: „Planiranje je menadžerska funkcija kojom se bira efikasan pravac akcija za pribavljanje, alokaciju, korišćenje i zamenu resursa organizacije". Pod pojmom „biranje" ovde se podrazumeva izbor od nekoliko alternativnih rešenja [42].

Podsistem Planiranje proizvodnje koji je prikazan na slici **3** ima zadatak da dovede u saglasnost zahteve okoline i mogućnosti sistema, te da izradom proizvodnih naloga omogući realizaciju svega onoga što je planirano i pripremljeno za potrebe proizvodnje. U sklopu podsistema Planiranje proizvodnje se nalazi proces Priprema procesa rada, koji je, uz podsistem Planiranje proizvodnje, predmet istraživanja ovog udžbenika.

7

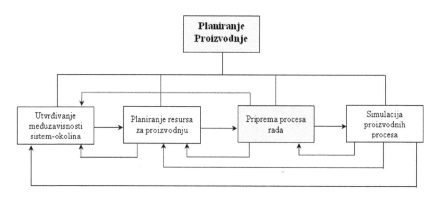

Slika 3: Planiranje proizvodnje

Proces Priprema procesa rada predstavlja sponu između planiranja i izvođenja postupaka rada i kontrole tokova. Obuhvata:

• proveru stanja pripremljenosti resursa (materijala, alata, pribora ...) i

• oblikovanje proizvodnih naloga (radni nalog, radna lista ...).

2.1.3. Upravljanje proizvodnjom podržano računarom – (Computer Aided Production Management – CAPM)

Tokom istorije i razvoja rešenja koja bi omogućila automatizaciju procesa poslovanja, još od 1956. godine, krenulo se prilično daleko od same proizvodnje, a time i od upravljanja proizvodnjom. Razvoj se bazirao na CAM[2], CAD[3] i CAE[4] sistema respektivno, do 70-ih godina prošlog veka. Od tada pa do 2000. godine trend se nastavio u pravcu razvoja sistema za planiranje proizvodnje i manje sistema za upravljanje proizvodnjom. Ovaj period obeležava razvoj MRP[5], MRPII[6] i ERP[7] sistema, koji su kasnije u ovom udžbeniku detaljno opisani. Konačno, dolazi se i do samog CAPM-a, koji se u današnje vreme, na ovim prostorima, može posmatrati sa šireg teorijskog aspekta ali i praktičnog, tj. posmatranja konkretnih slučajeva uvođenja sistema u poslovanje i njegovog prilagođavanja [43].

---

[2] CAM – Computer Aided Manufacturing – proizvodnja podržana računarom

[3] CAD – Computer Aided Design – projektovanje podržano računarom

[4] CAE – Computer Aided Engineering – inženjerstvo podržano računarom

[5] MRP – Material Requirements Planning – planiranje materijalnih potreba

[6] MRPII – Manufacturing Resource Planning – planiranje resursa za proizvodnju

[7] ERP – Enterprise Resource Planning – sistem za planiranje resursa u preduzeću

Pristup računarom podržanom procesu upravljanja proizvodnim sistemima prikazan je na slici **4**.

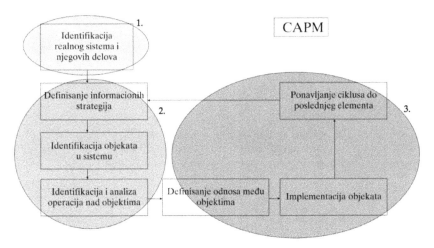

Slika 4: Računarom podržano upravljenje proizvodnim sistemima

Neophodni koraci objektno orijentisanog pristupa računarom podržanom procesu upravljanja proizvodno – poslovnim sistemima se svrstavaju u tri faze:

1. Identifikacija i analiza objektnog sistema (sam sistem, uslovi, potrebe ...),

2. Analiza

    -   utvrđivanje informacione strategije (opšti i posebni ciljevi ...),

    -   identifikacija objekata (klasa) i

    -   operacije nad objektima,

3. Modeliranje

    -   relacije među objektima (klasama),

    -   implementacija objekata (klasa) i

    -   ponavljanje procedure do kompletiranja informacionog sistema za potrebe upravljanja proizvodnjom.

Koncept sistema za računarom podržano upravljanje proizvodnjom prilagođen krajnjem cilju i potrebama računarom integrisane proizvodnje (CIM[8]) ima definisanu razvojnu strategiju i ciljeve kao što ilustruje slika **5**.

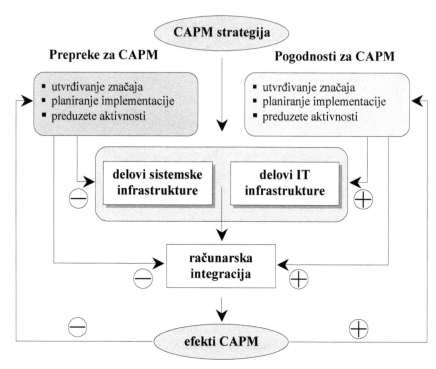

Slika 5: Elementi pretpostavljene razvojne strategije CAPM [44]

Upravljanje proizvodnjom zauzima centralno mesto u informacionom modelu proizvodne organizacije i višestrukim informacionim linijama povezano je kako sa proizvodnjom, tako i sa tržištem proizvoda, tržištem materijala i segmentom poslovne politike organizacije. Svi poremećaji u informacionim tokovima, ogledaju se, dakle na upravljanje proizvodnjom. U slučaju poremećaja u upravljanju proizvodnjom, razumljivo, nema zadovoljavajuće proizvodnje, javljaju se poremećaji na tržištima proizvoda i materijala, i prisilno se menja poslovna politika organizacije. Jasno je da je upravljanje proizvodnjom centralni segment na kome se može pokazati uspešnost informatizacije organizacije.

Uvođenjem informacionih sistema u službu procesa proizvodnje u industrijskim proizvodnim sistemima se postiže da izvođenje i upravljanje procesima rada bude kvalitetnije, efikasnije, humanije i jeftinije. Nove tehnologije treba primenjivati da bi se radilo ono što do sada (bez primene novih, pre svega informaciono – komunikacionih tehnologija) nije bilo moguće raditi.

---

[8] CIM – Computer Integrated Manufacturing – proizvodnja integrisana računarom

2.1.4. Savremeno proizvodno i poslovno okruženje

Uspešna industrijska preduzeća danas koriste IKT kao jedan od najvažnijih resursa za odgovore na mnogobrojne pritiske tržišta. Ovi pritisci potiču od globalizacije tržišta i stalnog porasta zahteva za kompletno novim ili inoviranim proizvodima. Pri tome kupci zahtevaju od proizvođača sve kvalitetnije proizvode, skraćenje vremena od narudžbine do isporuke i sve bolji servis, uz prihvatljivu cenu. Kvalitet je jedan od primarnih ciljeva koji svaka organizacija mora da postigne da bi opstala u savremenim tržišnim uslovima. Implementacija savremenih tehnologija podrazumeva korišćenje IKT ne samo u proizvodnji krajnjeg proizvoda, već i na način na koji se proizvod distribuira svojim klijentima, posebno u smislu da se predvide budući zahtevi klijenata, kako klijent može da naruči proizvod od organizacije, i na koji način se organizacija bavi tim nalozima, dostavljanjem željenih proizvoda i izdavanjem računa, odnosno naplatom.

Informatizacija preuređenih poslovnih procesa uz primenu savremenih IKT je jedan od glavnih načina za uspešno rešavanje svih ovih zadataka. Brze promene zahteva od strane tržišta uslovljavaju međupovezanost funkcija u organizaciji i visok stepen integracije funkcija unutar organizacije. Problem integracije i efikasnost predloženog rešenja u svakom sistemu zavise od spremnosti organizacije i njenih raspoloživih resursa. Ova globalna priroda modernog tržišta zahteva od organizacija da internacionalizuju svoje poslovanje. U prošlosti, organizacije su se takmičile na osnovu merenja par konkurentskih performansi kao što su cena i kvalitet. Međutim, sadašnje tržište zahteva i veću fleksibilnost i brzinu reagovanja tako da današnje organizacije moraju da se takmiče na osnovu više konkurentskih ciljeva. U cilju postizanja simultanosti u performansama ciljeva, neke organizacije su decentralizovale svoje poslovanje pomoću globalnih aktivnosti van organizacije (*outsourcing*). Ovo stavlja izazov organizacijama da postignu koordinirani i integrisani lanac proizvodnje i snabdevanja.

Razumevanje i optimizacija poslovnih procesa je osnova uspeha u savremenom okruženju koje se brzo menja. Globalni distribucioni kanali, brojne međunarodne organizacije i tesno integrisani poslovni aranžmani su promenili način na koji veliki broj organizacija posluju. Ključna komponenta upravljanja ovim organizacijama su primenjene IKT.

Jedan od ciljeva IKT je elektronski omogućiti prošireni lanac vrednosti. Poslovni svet se kreće bliže modelu potpune saradnje i organizacije moraju sve više da dele sa svojim dobavljačima, distributerima i klijentima poslovne informacije koje su nekada agresivno čuvale samo za sebe [45]. Oni koji su u mogućnosti da priključe svoje interne informacione sisteme u informacioni lanac koji je paralela lancu vrednosti fizičkih dobara će prosperirati. Uspešne organizacije teže da budu deo tima umreženih poslovnih partnera posvećenih isporučivanju vrednosti kupcu. Veoma mali broj organizacija će moći da se takmiči samostalno protiv na takav način organizovane grupacije organizacija. Tehnologije (e-poslovanje i ERP sistemi) za "tim" su danas dostupne. Tehnologija e-poslovanja (Internet, Veb, hostovanje e-omogućavajućih tehnologija) igra centralnu ulogu u ekonomiji, olakšavanju razmene informacija, roba, usluga i plaćanja, i može se definisati kao primena IKT za podršku svih aktivnosti poslovanja [46].

Kombinovanje tehnologije e-poslovanja i tradicionalnih poslovnih interesa će imati uticaj na sve privredne grane i to je najnovija, poslednja u nizu faza u evoluciji poslovanja. Internet, sa svojom sposobnošću da poveže kupce i dobavljače e-brzinom, je svakako ključna komponenta ove promene. Najuspešnije organizacije će biti one koje iskoriste ovu investiciju kroz sprovođenje rešenja e-poslovanja podržanih od snažne postojeće infrastrukture zasnovane na dobro implementiranom ERP sistemu. I dok ERP sistem organizuje informacije u okviru preduzeća, e-poslovanje distribuira te informacije nadaleko i naširoko [47].

Danas je vrlo teško osporiti da su IKT postale najvažniji činilac sposobnosti organizacije da se uspešno takmiči na globalnom tržištu. Kako su se moć i prisustvo IKT širile, organizacije su počele da gledaju na to kao na konkurentsku prednost, a ne na trošak, od velike važnosti za njihov uspeh. Ukratko, zajedno, tehnologije e-poslovanja i ERP sistema će obezbediti organizacijama nove opcije za podizanje profitabilnosti i stvaranje značajne konkurentske prednosti.

2.2. Informaciono komunikacione tehnologije

2.2.1. Informaciono komunikacione tehnologije u kontekstu proizvodnje i poslovanja

Savremeno upravljanje se u velikoj meri oslanja na informacije kao neophodan resurs za razvijanje drugih resursa. Informacioni sistem je sistem koji pomoću formalizovanih procedura obezbeđuje upravljanje na svim nivoima sa odgovarajućim informacijama na osnovu podataka iz internih i eksternih izvora, koje omogućava blagovremeno i efektivno donošenje odluka vezanih za planiranje, rukovođenje i kontrolu aktivnosti u domenu odgovornosti [48]. O'Brajen definiše informacioni sistem na sledeći način: „Informacioni sistem koristi resurse kao što su ljudi, hardver, softver, podaci i mreže za obuhvat, obradu, skladištenje podataka i kontrolne aktivnosti" [49]. Komponente, resursi informacionog sistema i njihovi međusobni odnosi prikazani su na slici **6** [49].

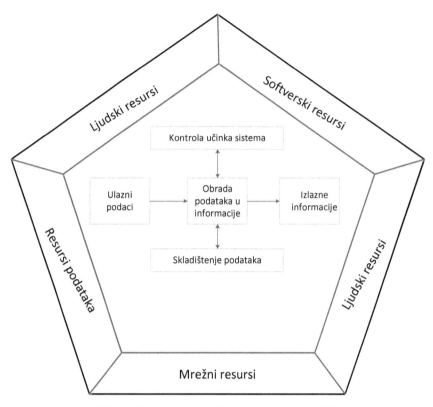

Slika 6: Komponente informacionog sistema [49]

Upravljački informacioni sistemi (*Management Information Systems – MIS*) adekvatnom distribucijom informacija na različitim nivoima upravljanja u organizaciji, obezbeđuju bolje planiranje, bolje donošenje odluka i konačno bolje rezultate. MIS je integrisan, korisnički - računarski sistem za pružanje informacija za podršku operacionom menadžmentu i donošenje odluka u organizaciji [50].

2.2.2. Evolucija poslovnih informacionih sistema

Sve brži razvoj informaciono – komunikacionih tehnologija vođen usavršavanjem računarskog hardvera i softverskih sistema uticao je na sama aplikativna rešenja koja se koriste u organizacijama. U isto vreme, poslovno okruženje postajalo je sve kompleksnije, zahtevajući preciznije informacije i tokove podataka u okviru organizacija, koje bi omogućile donošenje odgovarajućih odluka u pravom trenutku, i na taj način obezbedile kompetitivnu poziciju organizacije na tržištu. Uzimajući sve ovo u obzir, menadžmentu organizacije je bio potreban efikasan informacioni sistem kako bi unapredili poslovanje.

ERP sistemi se često koriste u literaturi da bi se opisao koncept poslovnih sistema (*Enterprise Systems - ES*) i njihova evolucija [10, 51, 52]. Razumevanje istorije i evolucije ERP sistema je od suštinskog značaja za razumevanje njegove važnosti za poslovanje organizacija (vidi tabelu 1). U mnogim aspektima, ERP sistem je projektovan u cilju prevazilaženja operativnih problema koje je organizacija iskusila upotrebom prethodnih informacionih sistemima. Poslovni sistemi (informacioni), datiraju iz ranih pedesetih godina dvadesetog veka. Taj period se poklapa sa uvođenjem računara u poslovanje organizacija, i tada su počela da se pojavljuju prva aplikativna rešenja. U početku su se aplikacije koristile za automatizaciju procesa kao što su knjigovodstvo i upravljanje zalihama. Upotreba je tokom šezdesetih godina dvadesetog veka proširena na sisteme za kontrolu zaliha (*Inventory Control Systems – ICS*) i planiranje materijala za proizvodnju (*Bill-of-Material – BOM*) koji postepeno postaju standardizovani i evoluiraju u sistem za planiranje potreba materijala (*Material Requirements Planning – MRP*).

Fokus proizvodnih sistema u šezdesetim godinama dvadesetog veka je bio na kontroli zaliha. Organizacije su tada mogle sebi priuštiti da zadrže puno „baš-u-slučaju" proizvoda na skladištu kako bi udovoljili zahtevima kupaca i mogle da ostanu konkurentne. Shodno tome, tehnike tog vremena su fokusirane na to kako na najefikasniji način upravljati velikim količinama zaliha. Većina softverskih rešenja je projektovana da rukuje inventarom na bazi tradicionalnog koncepta upravljanja zalihama [53, 54]. Tokom sedamdesetih godina, postalo je jasno da organizacije više ne mogu sebi dozvoliti luksuz da održavaju velike količine zaliha. U ovakvom okruženju Wight i Orlicky postavljaju osnove sistema za planiranje materijala – MRP. Ceo sistem se zasniva na predviđanju buduće prodaje, odnosno budućih potreba potrošača. MRP sistemi se mogu definisati kao „softverski orijentisano planiranje proizvodnje i sistem kontrole zaliha, koji se koriste da bi se upravljalo proizvodnim procesom" [55]. To je dovelo do uvođenja MRP sistema kao jednog od najstarijih računarom podržanih informacionih sistema za upravljanje operacijama. MRP sistem predstavlja ogroman korak napred u procesu planiranja materijala. Po prvi put, koristeći master raspored proizvodnje, podržan sastavnicama koje identifikuju materijale potrebne za proizvodnju gotovih proizvoda, računar može da se koristi za izračunavanje ukupnih potreba za materijalima. Koristeći tačno stanje na skladištu, dostupne količine za "odmah" ili količine "zakazane – koje stižu" materijala određuju neto potrebe za materijalima. Zatim slede aktivnosti kao što su postavljanje narudžbine, otkazivanje postojeće narudžbine, ili izmenu vremena postojećih narudžbina (naloga). Sposobnost sistema za planiranje materijala da sistematski i efikasno rasporedi sve delove bio je ogroman korak napred za produktivnost i kvalitet [53, 54].

MRP sistemi su imali tri osnovna cilja: obezbeđivanje raspoloživosti materijala za proizvodnju i proizvoda za isporuku potrošačima, održavanje najnižeg mogućeg nivoa zaliha i planiranje rasporeda nabavke, proizvodnje i isporuke. Funkcionišu tako što na osnovu tri osnovna ulaza (*Input*) generišu dva osnovna izlaza (*Output*). Ulazi su: glavni raspored proizvodnje (*Master Production Shedule – MPS*) koji čine: lista finalnih proizvoda, količine finalnih proizvoda i vremenski rokovi za svaki od proizvoda; stanje zaliha (podrazumeva zalihe koje su trenutno na skladištu, i zalihe u transakciji) i sastavnice (*Bill of Materials - BOM*) koja predstavlja detalje o svim materijalima i delovima potrebnim da se sklopi finalni proizvod. Izlazi su: primarni izveštaji (preporučeni raspored nabavke, odnosno količine potrebnih zaliha i vremenski okviri za nabavku zaliha i preporučeni raspored proizvodnje, odnosno kada treba početi i završiti sa proizvodnjom sa tačnim količinama za svaki korak) i sekundarni izveštaji (izveštaji za planiranje – npr. predviđanje potrebnih zaliha za određeni vremenski period, izveštaji o performansama – npr. poređenje predviđenih i ostvarenih troškova i izveštaji o izuzecima – npr. ističu određena odstupanja).

Organizacije su imale teškoća u implementaciji MRP sistema. Pored toga, tehnologija često nije uspevala da pruži očekivanu korist. Najčešće navođeni nedostaci MRP sistema su:

- tačnost ulaza - ukoliko se unesu pogrešne vrednosti na ulazu, MRP sistem će generisati pogrešne izlaze,

- zasnovanost na proizvodnji iz šezdesetih godina dvadesetog veka - proces proizvodnje se od tada dosta izmenio, naročito u pogledu fleksibilnosti i

- kompleksnost proizvoda - proizvodi postaju sve složeniji, što čini proračune koje MRP sistem treba da izvede sve komplikovanijim.

Neuspeh je često uzrokovan i problemima vezanim za ljudski faktor. Vrlo često, menadžeri su zanemarivali uticaj tehnologija na organizacionu strukturu i performanse proizvodnje, potcenjujući ulogu proizvodnje u strategiji konkurentnosti organizacije [56].

Tokom sedamdesetih godina uvedeni su novi softverski sistemi sa naglaskom na optimizaciju proizvodnih procesa. Ovi sistemi sinhronizuju zahteve za materijalom sa zahtevima za proizvodnjom i postali su poznati kao sistemi za planiranje resursa za proizvodnju (Manufacturing Resource Planning – MRP II). MRP II sistemi su obezbedili sistem zatvorene petlje, uzimajući u obzir kapacitete prilikom razvijanja rasporeda za proizvodnju [57]. MRP II sistemi su modularno strukturirani informacioni sistemi koji su zasnovani na ideji upravljanja svim proizvodnim resursima. MRP II sistemi obuhvataju: poslovno planiranje (*Business Planning – BP*); planiranje potreba resursa (*Resource Reqiurments Planning - RRP*); planiranje potreba materijala (*Material Requirements Planning – MRP*) i planiranje potreba kapaciteta (*Capacity Requirements Planning – CRP*). MRP II predstavlja sistem upravljanja koji koristi računarom podržan model za podršku odlučivanju. Ovaj model se oslanja na povratnu spregu (*Closed Looop System*), od dole ka gore (*Bottom Up*), kako bi se ispravile greške i kako bi što više odgovarao realnosti (vidi sliku **7**).

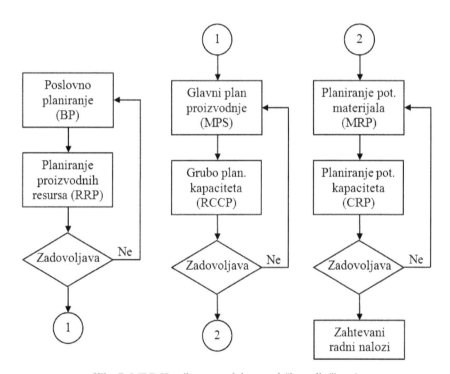

Slika 7: MRP II prilaz – model za podršku odlučivanju

Poslovno planiranje integriše planove marketinga, prodaje, nabavke, finansija i proizvodnje. Poslovni plan i planirane zalihe formiraju početnu tačku za softverski sistem kada se predlaže mogući plan proizvodnje. Izvodljivost plana ispituje se i od strane RRP-a izračunavanjem potrebnih resursa za plan proizvodnje. MRP II sistem poseduje opciju simulacije tako da se korišćenjem sistema mogu dobiti odgovori na pitanja šta ako (*What if?*). Ukoliko plan nije izvodljiv ili nije zadovoljavajući, plan se menja, pokreće se nova simulacija da bi se proračunale nove potrebe za resursima. Ovi koraci se mogu ponavljati dok se ne dobije izvodljiv ili zadovoljavajući plan. Prihvaćeni plan proizvodnje formira početnu osnovu za planiranje glavnog plana proizvodnje. Da bi MRP II sistem bio uspešno primenjen neophodno je da postoji glavni plan proizvodnje po strukturi, količini i datumu isporuke. Za svaki element plana mora postojati sastavnica za elemente koji se izrađuju, tehnološki postupci izrade, a za sastavne elemente informacije o stanju na zalihama.

Da bi se proverila izvodljivost glavnog plana proizvodnje (*Master Plan Scheduling – MPS*) u MRP II sistem je implementirano grubo planiranje potrebnih kapaciteta (*Rough Cut Capacity Planning - RCCP*). Ono određuje da li postojeći kapaciteti mogu da isprate glavni plan proizvodnje. Postoji mogućnost proračuna potrebnih kapaciteta radnih stanica koje se koriste u izradi proizvoda iz glavnog plana proizvodnje. Ukoliko postoji manjak ili višak kapaciteta, reaguje se podešavanjem kapaciteta i/ili količina. Novi glavni plan proizvodnje se može simulirati ponovo, sve dok se ne postigne izvodljivo ili zadovoljavajuće rešenje. Planiranje kapaciteta u MRP II sistemu podrazumeva tipičnu hijerarhiju, koja obuhvata planiranje celokupnog kapaciteta (*Capacity Requirements Planning – CRP*) i planiranje kapaciteta na ključnim radnim stanicama (uskim grlima) i potpuno podešavanje radne norme. Koristi koje MRP II sistem može da obezbedi su kraća vremena isporuke, smanjenje potrebnih zaliha, pravovremeno izveštavanje i uvid u performanse, brže uvođenje novih proizvoda, bolja kontrola troškova, povećanje produktivnosti i poboljšanje kvaliteta rada.

MRP II sistem je sofisticiraniji od svojih prethodnika i obuhvata set modula za svaki od različitih funkcionalnih aspekata procesa proizvodnje. Međutim, implementacioni izazovi su postojali i dalje sa MRP II sistemima [58]. Nekoliko različitih sistema kontrole proizvodnje pojavili su se posle MRP II sistema, uključujući i *Just-in-Time - JIT* i *Theory of Constraints - TOC*. Optimizacija proizvodnih procesa je razvijena u formi koncepta računarom integrisane proizvodnje (*Computer – Integrated Manufacturing - CIM*) u osamdesetim godinama prošlog veka. Iako CIM ideje nisu uspele u nekim aspektima, obezbeđena je podrška za postepeno integrisanje različitih oblasti u područje poslovnih informacionih sistema [13]. Povećan obim poslovnih informacionih sistema je krčio put za ERP sisteme, koji su obećavali softverske pakete projektovane da integrišu interni lanac vrednosti jedne organizacije, pokrivajući poslovne procese od proizvodnje do transporta, kao i sekundarne procese kao što su računovodstvo i finansije.

Krajem osamdesetih godina inovacije u IKT, dovele su do razvoja niza softverskih aplikacija koje su imale za cilj integraciju toka informacija kroz organizaciju. ERP sistemi, su tako privukli pažnju nekih od najvećih svetskih kompanija [59].

Enterprise Resource Planning - ERP sistemi, su promovisani od strane *American Production and Inventory Control Society* - APICS od 1980. godine i mogu se smatrati sledećom generacijom MRP II sistema. Spajaju funkcionalnosti MRP II sistema sa drugim oblastima primene kao što su: kvalitet, održavanje, marketing, računovodstvo, itd. Međutim, ERP sistemi sadrže i određene module koji nisu bili prvobitno korišćeni u MRP II sistemima kao što su *Computer Aided Design* - CAD, *Distribution Resource Planning* - DRP, *Tool Management Systems* - TMS, i *Product Data Management* - PDM [60, 61]. ERP sistem predstavlja prvi pristup koji integralno kombinuje upravljanje poslovanjem i IT koncepte [62]. Nagli razvoj ERP sistema počinje početkom devedesetih, i u to vreme su bili isključivo namenjeni velikim organizacijama. ERP sistemi kao izuzetno skupi i kompleksni sistemi, razlikovali su se od ostalih informacionih sistema po tome što su predstavljali gotove softverske pakete koji su se u određenoj meri prilagođavali potrebama organizacije. Prilagađavanje specifičnim potrebama organizacije bilo je omogućeno time što su se za razliku od tradicionalnih informacionih sistema, ERP sistemi sastojali iz modula koji su bili prilagođeni potencijalnim promenama i nadogradnji.

Ukupni resursi organizacije su se mogli integrisati putem ERP sistema tako da je ERP sistem sledeći logičan nivo sofisticiranosti u evoluciji niza računarskih alata za podršku poslovanju. ERP sistem se koristi ne samo u proizvodnim organizacijama, već u svakoj organizaciji koja želi da poboljša konkurentnost najefikasnije koristeći sve svoje resurse, uključujući i informacije [53, 54].

ERP sistemi predstavljaju kompletno poslovno rešenje na nivou organizacije, primenjuju jedinstveni set alata za planiranje potrebnih resursa širom organizacije, omogućavajući integraciju svih sektora organizacije u realnom vremenu i povezujući dobavljače i potrošače u jedinstveni lanac nabavke. Prihvatanje ERP sistema unutar velikih proizvodnih organizacija zahteva integraciju radnih praksi (navika) i informacionih sistema [10, 63].

U kasnim 90-tim godinama proizvođači su počeli da dodaju više modula i funkcionalnosti u osnovne module ERP sistema. Ovi dodaci – proširenja za ERP sistem obuhvataju napredno planiranje i raspoređivanje (*Advanced Planning and Scheduling* - APS), upravljanje odnosima s kupcima (*Customer Relationship Management* - CRM) i upravljanje lancem nabavke (*Supply Chain Management* - SCM). Osnovni ERP moduli u kombinaciji sa pomenutim proširenjima postali su poznati kao *Extended Enterprise Resource Management* (X-ERP) [64] ili ERP II sistemi [52, 65].

Tabela 1 prikazuje razvoj ERP sistema, u razmacima od po deset godina, od samog početka do X-ERP / ERP II sistema.

Bond i sar. opisuju razloge za evoluciju ERP sistema u ERP II sisteme kao: „organizacije počinju da se transformišu iz vertikalno integrisane organizacije fokusirane na optimizaciju internih funkcija ka agilnijim, kompetentnijim entitetima koji nastoje da optimalno pozicioniraju organizaciju u lanac snabdevanja i u vrednosne mreže" [65]. Pozicioniranje organizacija treba posmatrati u širem kontekstu, u obliku odnosa *Business-to-Customer* (B2C) ili *Business-to-Business* (B2B). Elektronsko poslovanje podrazumeva saradnju, elektronski omogućeno poslovanje između organizacija, poslovnih partnera i kupaca širom poslovne ili trgovačke zajednice. U suštini, ovo znači da se organizacije pozicioniraju optimalno u lancu snabdevanja i vrednosnim mrežama putem elektronske aukcije i drugih jedan-prema-više ili više-prema-više odnosa [66].

Evolucija ERP sistema					
Sistem	Godina	Fokus	Arhitektura (Tehnologija)	Korisnici	Nivo integracije
Inventory Control Systems (ICS)	1950-1960	Predviđanje i upravljanje zalihama	2-Slojna arhitektura (*MainFrame*)	Uglavnom menadžerski nivo	Nizak nivo integracija
Material Requirement Planning (MRP)	1960-1970	Procesiranje sastavnica, upravljanje kapacitetima, prioritetima i vremenskim rasporedom	2-Slojna arhitektura (*MainFrame*)	Uglavnom menadžerski nivo	Nizak nivo integracija
Manufacturing Resource Planning (MRP II)	1970-1980	Proširivanje MRP sistema sa CRP, PPR, Šta-ako (*What-If*) analizom, veća koncentracija na proizvodnju	2-Slojna arhitektura (*MainFrame*)	Uglavnom menadžerski nivo	Integracija sa funkcijom proizvodnje
Computer Integrated Manufacturing (CIM)	1980-1990	Automatizacija, modeli organizacija	2-slojna klijent server arhitektura	Menadžeri kao i radnici proizvodnih sektora	Integracija sa funkcijom proizvodnje
Enterprise Resource Planning (ERP)	1990-2000	Obuhvata sve funkcije organizacija	3-Slojna klijent server arhitektura, relacione baze podataka, objektno orijentisano programiranje	Menadžeri kao i radnici svih sektora	Integracija sa svim funkcijama organizacija
Savremeni ERP (X-ERP, ERP II, Veb ERP ...)	2000-...	Proširuju se modulima kao što su menadžment odnosa sa potrošačima (CRM), menadžment lanca nabavke (SCM), podržavaju Internet	3-Slojna klijent server arhitektura, relacione baze podataka, objektno orijentisano programiranje, umrežavanje Internetom	Menadžeri, radnici svih sektora, dobavljači, partneri, potrošači	Integracija unutar i izvan organizacija

Tabela 1: Evolucija poslovnih sistema

Razlika između ERP i ERP II sistema prikazana je u tabeli 2. Posmatrano je šest elemenata koji se dotiču poslovanja, arhitekture i tehnoloških strategija. Istraženi su i prikazani sledeći elementi:

- uloga (*Role*),

- domen (*Domain*),

- funkcija (*Function*),

- proces (*Process*),

- arhitektura (*Architecture*) i

- podaci (*Data*).

Svi elementi, osim arhitekture, su proširenja ERP II sistema u odnosu na tradicionalne ERP sisteme [13, 130]. ERP II sistem se može posmatrati kao naslednik ERP sistema ili kako Moller navodi: „ERP II sistem je u suštini sastavljen od ERP sistema, elektronskog poslovanja i saradnje u lancu snabdevanja" [13].

	ERP sistemi	ERP II sistemi
Uloga (*Role*)	Tradicionalni ERP sistemi su vodili računa o optimizaciji organizacije - unutrašnja optimizacija.	ERP II sistemi se odnose na optimizaciju lanca snabdevanja kroz saradnju sa partnerima.
Domen (*Domain*)	ERP sistemi su fokusirani na proizvodnju i distribuciju, kao i na sekundarne procese.	ERP II sistemi pokrivaju sve sektore i segmente poslovanja.
Funkcija (*Function*)	ERP sistemi prelaze i ukrštaju sektore i segmente kompanije, podaci se prezentuju samo onim zaposlenima kojima su zaista i neophodni.	ERP II proizvođači su orijentisani na određenu industriju, fokusiraju se na obezbeđivanje funkcionalnosti za te korisnike.
Proces (*Process*)	U ERP sistemima, procesi su fokusirani na unutrašnjost organizacije.	ERP II sistemi se povezuju sa partnerima, i iznose te procese izvan granica organizacije.
Arhitektura (*Architecture*)	Stari ERP sistemi su monolitni i zatvoreni.	ERP II sistemi su zasnovani na Vebu, otvoreni za integraciju i interoperabilni sa drugim sistemima koji omogućavaju korisnicima da izaberu samo funkcionalnost koja im je potrebna.
Podaci (*Data*)	Informacije u ERP sistemima su generisane i korišćene u okviru organizacije.	U ERP II sistemima, te iste informacije se mogu dobiti ili ponuditi u okviru lanca snabdevanja ovlašćenim učesnicima.

Tabela 2: Razlike između ERP i ERP II sistema [52, 65]

2.2.3. Definicija ERP sistema

ERP sistemi u svakoj svojoj realizaciji predstavljaju softverska rešenja za podršku upravljanju poslovanjem. Sastoje se od više modula koji podržavaju veći broj različitih funkcija organizacije kao što su: marketing, finansije i računovodstvo, prodaja, podrška korisnicima, nabavka, distribucija, planiranje resursa, proizvodnja, održavanje i kvalitet i ljudski resursi. Arhitektura ERP sistema obezbeđuje integraciju modula na takav način da je omogućena konstantna i vidljiva razmena informacija.

Definicije ERP sistema variraju u skladu sa kontekstom, posebno ako se uzmu u obzir različita gledišta zainteresovanih strana (*Stakeholders*). Različite zainteresovane strane ERP sistema će, zavisno od njihove pozicije u organizaciji, imati sasvim drugačije stavove i iskustva sa ERP sistemom [6]. Deloitte Consulting, definiše ERP sistem u svom izveštaju objavljenom 1998. godine kao paket poslovnog softvera koji omogućava organizacijama da:

- automatizuju i integrišu većinu svojih poslovnih procesa,

- dele zajedničke podatke i dobre prakse kroz celu organizaciju i

- stvaraju i pristupaju informacijama u realnom vremenu.

Davenport definiše ERP sistem kao "paketni softverski proizvod koji organizacija može da kupi kao gotov proizvod (*"of-the-shelf"*) u cilju integracije i deljenja svojih informacija i srodnih poslovnih procesa u okviru funkcionalnih područja i između njih" [10]. Njegova definicija naglašava integraciju, postavljenu od strane ERP sistema, između različitih organizacionih delova, u osnovi funkcionalnih područja unutar organizacije kao što su finansije, marketing, nabavka, zalihe, prodaja i distribucija, planiranje ljudskih resura itd.

Gable, definiše ERP sistem kao sveobuhvatno softversko rešenje - paket koje nastoji da integriše kompletan asortiman poslovnih procesa i funkcija, u cilju predstavljanja kompletnog prikaza poslovanja iz jedinstvene IKT arhitekture [67]. Nešto drugačije, Rosemann definiše ERP sistem, kao prilagodljiv, standardni aplikativni softver koji uključuje integrisana poslovna rešenja za osnovne procese (npr. planiranje proizvodnje i upravljanje skladištem) i glavne administrativne funkcije organizacije (npr. računovodstvo i upravljanje ljudskim resursima) [68].

Prema Guffond i Leconte [69], ERP sistem se može definisati na sledeći način:

- ERP sistem je alatka prikupljanja i integracije svih podataka i upravljačkih veština koje predstavljaju delatnost organizacije, u jedinstvenu bazu podataka: od finansija do ljudskih resursa, prolazeći kroz elemente lanca snabdevanja koji trajno povezuje proizvodnju sa kupovinom i prodajom.

- ERP sistem je alatka konceptualno situirana između standardnog i pojedinačnog i ima dva sloja. "Opšti sloj" (*Generic Layer*) koji namerava da odgovori na potrebe svih ili više organizacija u skladu sa rešenjima i iskustvima poznatim kao "dobre prakse" i koji odgovaraju standardnim pravilima upravljanja. "Specifični sloj" (*Specific Layer*) je više-korisnički sloj i stoga je personalizovan. On uzima u obzir posebne karakteristike organizacije putem dugih studija da bi se utvrdilo kako organizacije moraju da se prilagode.

- ERP sistem je alatka koja se sastoji od aplikativnih modula (jedan po uobičajenoj analitičkoj funkciji organizacije) sposobnih da međusobno komuniciraju na osnovu konvencionalnih protokola razmene (*Exchange Protocol*) zahvaljujući jedinstvenoj bazi podataka. U tom slučaju svaki modul prima informacije iz ostalih modula i šalje svoje podatke ka drugim modulima.

- Konačno, ERP sistem je alatka koju literatura predstavlja kao sredstvo koje je u stanju da kontroliše organizacije u realnom vremenu, u smislu postizanja nove ere industrijske racionalizacije.

Al-Mashari i Al-Mudimigh definišu ERP sistem kao IKT infrastrukturu koja omogućava protok informacija u okviru organizacije i komunikaciju sa dobavljačima i ostalim članovima lanca snabdevanja [70]. Davenport, Harris, i Cantrell i Laframboise i Reyes ukazuje da ERP kombinuje poslovne procese u organizaciji i predstavlja način poslovanja, a ne samo softverski paket [71, 72].

Kumar i Hillsgersberg definišu ERP sisteme kao „nadogradive i izmenjive pakete informacionih sistema koji obezbeđuju integraciju informacija svih funkcionalnih delova jedne organizacije" [55].

O'Leary je definisao ERP sisteme kao „računarske sisteme koji obezbeđuju procesiranje transakcija organizacije i integraciju planiranja i proizvodnje u realnom vremenu" [73].

Wallace i Kremzar definišu ERP sisteme kao „širok spektar alata za upravljanje organizacijom, koji balansiraju nabavku i potražnju i omogućavaju povezivanje dobavljača i potrošača u jedinstveni lanac snabdevanja koristeći dokazane poslovne procese za donošenje odluka i obezbeđuju visok stepen funkcionalne integracije između prodaje, marketinga, proizvodnje, logistike, nabavke, računovodstva i finansija, razvoja novih proizvoda i ljudskih resursa, i na taj način omogućavaju zaposlenima da obavljaju svoj posao sa većom produktivnošću, manjim troškovima i zalihama i većom orijentacijom na potrošače" [74]. Ova definicija ERP sistema se u akademskoj literaturi smatra najkompletnijom definicijom ERP sistema.

Verovatno najjednostavniju definiciju ERP sistema je dao Tadjer: „Jedna baza podataka, jedna aplikacija i jedinstveni interfejs u okviru čitave organizacije" [75].

Shehab i sar. podržavaju Devenportovu perspektivu i naglašavaju važnost integracije organizacije, tvrdeći da je ERP sistem više od softverskog paketa koji integriše funkcionalna područja u okviru organizacije [76]. Ova tvrdnja je popularna kod većine istraživača koji generalno posmatraju i definišu ERP sistem na osnovu njegovih sposobnosti da integriše ranije odvojene, potpuno nezavisne informacione sisteme.

Umble i sar. tvrde da kupovina ERP softverskog paketa predstavlja mnogo više od same kupovine softvera, već da podrazumeva preuzimanje "najboljih praksi" za mnoge poslovne procese organizacije koje je proizvođač ugradio u ERP sistem [77]. ERP sistemi uključuju "najbolje prakse" koje su, pretpostavlja se, najbolji način poslovanja [78, 79, 80]. Ove "najbolje prakse" predstavljaju osnovne pretpostavke i uverenja, ugrađene u ERP sistem od strane proizvođača. Akrich, i Boersma i Kingma sugerišu da najbolje prakse ugrađene u ERP, sadrže "scenario" za korisnike, informišući ih o tome koje akcije treba preduzeti, kada, gde i kako [79].

Ovaj pojam "najboljih praksi" je podržan od strane rukovodstva, ERP konsultanata i prodavaca. Tehnologija, u ovom slučaju ERP sistem, je posmatrana kao uzrok organizacionih promena. "Najbolje prakse" ugrađene u ovim softverskim paketima su posmatrane kao rezime najboljih načina i standarda poslovanja, ali se ne obraća pažnja na to kako lokalni kontekst (okruženje) utiče na proces implementacije, stvarni rad i upotrebu sistema, i da li je softverski paket kompatibilan sa vrednostima organizacije i načinom poslovanja. Dok proizvođači i prodavci ERP sistema pokušavaju da projektuju sistem tako da odražava "najbolje prakse", oni su ti koji definišu šta "najbolje" znači a ne klijenti. Istraživanja koja je vodio Kosalge iz 2005. godine su dokazala da ne postoji jedan najbolji način poslovanja i da kontekst igra važnu ulogu u načinu kako se poslovanje odvija [81]. Na primer, SAP kao nemačka organizacija, sledi Nemačke najbolje prakse, tako da implementacija softverskog paketa zbog razlika u poslovanju može biti kritična u drugim državama [82].

Kumar i van Hillsgersberg obuhvataju prošireni focus ERP sistema u svojoj definiciji: "ERP sistemi su paketi informacionih sistema koji se mogu konfigurisati a koji integrišu informacije i na njima zasnovane procese u okviru funkcionalnih oblasti organizacije i između njih" [55]. Ova definicija pokriva prošireni fokus u kome neproizvodne organizacije takođe prihvataju ERP sisteme kao osnovu za obradu svojih finansijskih transakcija [52].

Najšire prihvaćena i korišćena definicija ERP sistema je definicija koju navodi *American Production and Inventory Control Society* - APICS; po kojoj je ERP sistem:

„Okvir za organizovanje, definisanje i standardizaciju poslovnih procesa neophodnih za efektivno planiranje i kontrolu organizacije tako da organizacija može da koristi svoje unutrašnje znanje da traži spoljašnje prednosti". Ova definicija ističe širok opseg aplikacija koje mogu stati pod okvir ERP sistema [83].

Moller je kreirao konceptualni okvir za ERP II sisteme (vidi sliku **8**) u kojoj definiše četiri sloja; osnova (*foundation*), proces (*process*), analitika (*analytical*) i portal (*portal*) [13]. Na ovom modelu se vidi da je ERP II sistem više nego samo informacioni sistem, to je kompletan koncept o tome kako upravljati svim informacionim sistemima organizacije. Takođe, Weston predstavlja ERP II sistem kao „kišobran", i svi koncepti koje opisuje mogu se smestiti u konceptualni okvir koji je definisao Moller 2005. godine [84].

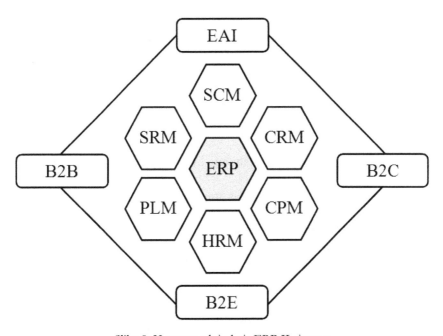

Slika 8: Konceptualni okvir ERP II sistema

Gartner Research Group - GRG definiše ERP II sistem kao: poslovnu strategiju i skup industrijski orijentisanih specifičnih aplikacija, koje stvaraju vrednosti za kupce i za akcionare tako što optimizuju organizaciju i omogućavaju saradnju operativnih i finansijskih procesa unutar organizacije.

Ova definicija GRG je zasnovana na ideji stvaranja vrednosti za organizaciju. Još jedna definicija koristi integraciju i saradnju, kao osnovu: ERP II sistem podržava evoluciju organizacije u cilju povezivanja u zajedničku mrežu vrednosti stvaranjem poslovne mreže u kojoj veb servisi igraju važnu ulogu u pogledu integracije i saradnje kako na ličnom tako i na nivou poslovnih procesa [85]. Saradnja je suština ERP II sistema, kada se upoređuju sa ERP sistemima, ali poslovna vrednost je glavna pokretačka snaga za primenu i za razvoj ERP II sistema. ERP II sistem je koncept lanca vrednosti orijentisanog informacionog sistema koji koristi tehnologiju za upravljanje bazom podataka da upravlja kako poslovnim procesima tako i podacima, uključujući podatke o klijentima, proizvodima, radnicima, dobavljačima, i finansijskim podacima u cilju stvaranja vrednosti za akcionare i kupce.

Klaus i sar., Al-Mashari i sar. i Boersma i Kingma tvrde da ERP sistem nije lako definisati i da ne postoji univerzalno prihvaćena definicija ERP sistema [15, 70, 79].

U okviru ovog udžbenika se koristi termin ERP sistem pošto je teško koristiti bilo koji drugi termin jer ne postoji opšti konsenzus o nekom drugom terminu. Ovo takođe ističe i McGaughey 2007. godine: „Dok su neki proizvođači proširivali sposobnosti svojih ERP sistema (dodavanjem modula) i dalje ih nazivajući ERP sistemima, drugi proizvođači su počeli da koriste privlačna imena kao što su Enterprise Suite, E-commerce paket, i Enterprise Solutions da opišu svoju grupu rešenja zasnovanu na ERP konceptu" [52].

2.2.4. Akademska istraživanja i ERP sistemi

Uprkos postojanju velikog broja implementacija ERP sistema u svetu, akademska istraživanja i obim objavljenih radova su u disproporciji ako se posmatra post-implementaciona faza. Poslednje decenije, broj objavljenih radova je porastao ali je i dalje najveći broj istraživanja vezan za implementacionu fazu i kritične faktore uspešnosti implementacije ERP sistema. Prethodna istraživanja u oblasti ERP sistema su prikazana u tabeli 3.

Predmet istraživanja	Autori
Spremnost kompanija za prihvatanje ERP sistema kao strateškog koncepta	Gupta, 2000; Lee, 2000; Kumar & Hillegersberg, 2000; Rao, 2000; Chen, 2001; Beretta, 2002; Kerbache, 2002; Hitt, Payne, 2002; Wu & Zhou, 2002; Al-Mashari, 2003; A.Lengnick-Hall, 2003; Bendoly, 2003; Sue Abdinnour-Helm, Mark L.Lengnick-Hall, Cynthia A.Lengnick-Hall, 2003; Jacobs & Sarkis & Gunasekaran, 2003; Kai A Olsen & Per Sætre, 2007; Light. Zaglago, Idisemi. Apulu, Craig. Chapman, and Hanifa Shah, 2013; Majid Aarabi, Mahboobeh Mohammadkazem, 2014
Izbor ERP sistema, upravljenje projektima implementacije ERP sistema, faktori uspešnosti implementacije ERP sistema	Davenport, 1998; Buckhout, Frey & Nemec, 1999; Cliffe, 1999; McAlary, 1999; Holland & Light, 1999; Klaus at al., 2000; Markus at al., 2000; Shanks et al. 2000; Aladwani, 2001; Al-Mudimigh, Zairi & Al-Mashari, 2001; Clemmons &Simon, 2001; Nah, Lau & Kuang, 2001; Poston & Grabski, 2001; Davison, 2002; Ip, Chau & Chan, 2002; Hong & Kim, 2002; Palaniswamy Rajagopal, 2002; Rajagopal, 2002; Ribbers & Schoo, 2002; Stratman & Roth, 2002; Al-Mashari et al., 2003; Bradford & Florin, 2003; Chiplunkar, Deshmukh, and Chattopadhyay, 2003; Daneva, 2003; Elisabeth J. Umble, Ronald R. Haft, M. Michael Umble, 2003; Helm at al., 2003; Kumar at al., 2003; Mabert at al., 2003; Mandal & Gunasakaran, 2003; Robert Jacobs, Elliot Bendoly, 2003; Sarker & Lee, 2003; Umble et al., 2003; Vincent A. Mabert, Ashok Soni, M.A. Venkataramanan, 2003; Albert Y.T. Sun, Abe Yazdani, John D. Overend, 2005; Ehie &Madsen, 2005; Ike C. Ehie, Mogens Madsen, 2005; Motwani, Subramanian Gopalakrishna, 2005; Nandhakumar, Rossi & Talvinen, 2005; Rodney McAdam, Alan Galloway, 2005; Wei et al., 2005; Wei & Wang, 2004; Xue, Liang, Boulton & Snyder, 2005; Zhang et al., 2005; Mahesh Gupta, Amarpreet Kohli, 2006; Redouane El Amrani, Frantz Rowe & Bénédicte Geffroy-Maronnat, 2006; Hsin Hsin Chang, 2006; Eric T.G. Wang, Cathy Chia-Lin Lin, James J. Jiang, Gary Klein, 2007; Van der Aalst and Weijters, 2005; E.W.T. Ngai, C.C.H. Law, F.K.T. Wat, 2008; Anders Haug, Jan Stentoft Arlbjørn, Anne Pedersen, 2009; DonHee Lee, Sang M. Lee, David L. Olson, Soong Hwan Chung, 2010; Shahin Dezdar, Sulaiman Ainin, 2011; Ewa Ziemba, Iwona Oblak, 2013; Uchitha Jayawickrama and Saman Yapa, 2013
Istraživanja zasnovana na studijama slučaja implementiranih ERP sistema	Motwani, Mirchandani, Madan & Gunasekaran, 2002; Rajagopal, 2002; Jan Olhager, Erik Selldin, 2003; Joseph R. Muscatello, Michael H. Small, Injazz J. Chen, 2003; Mandal & Gunasekaran, 2003; Marc J. Schniederjans, Gyu C. Kim, 2003; Umble et al., 2003; Vincent A. Mabert, Ashok Soni, M.A. Venkataramanan, 2003; Yen & Sheu, 2004; Yusuf, Gunasekaran & Abthorpe, 2004; Boersma & Kingma, 2005; Dechow & Mouritsen, 2005; Motwani et al., 2005; Nandhakumar et al., 2005; Yahaya Yusuf, Angappa Gunasekaran, Canglin Wu, 2006; Maruf Hasan, Nga T. Trinh, Felix T.S. Chan, Hing Kai Chan, Sai Ho Chung, 2011
Prihvatanje ERP sistema od strane korisnika, razlike u organizacionim kulturama vezane za upotrebu ERP sistema	Marina Krumbholz, Neil Maiden, 2001; Al-Mashari, Al-Mudimigh & Zairi, 2003; Abdinnour-Helmb, 2004; Calisir & Calisir, 2004; Gyampah &Salam, 2004; Watanabe & Hobo, 2004; Yen & Sheu, 2004; Xue et al., 2005; Cynthia A. Lengnick-Halla, Mark L. Lengnick-Halla, Sue David L. Olson, 2007; Jong-Hun Park, Hyun-Ju Suh, Hee-Dong Yang, 2007; Simona Sternad, Miro Gradisar, Samo Bobek, 2011; Magnusson J., Nilsson A., Carlsson F., 2013

Tabela 3: Prethodna istraživanja u oblasti ERP sistema

Pored navedenih predmeta istraživanja, postoje i studije koje se bave upravljanjem životnim ciklusom ERP projekta, uključujući neke faze "nakon-pokretanja-sistema" [86, 87, 88]), studije u vezi sa Internet zasnovanim ERP implementacijama [89], i studije interpretiranja ERP projekata iz perspektive zainteresovanih strana (*Stakeholder Perspective*) [90].

3. Implementacija sistema za planiranje poslovnih resursa (ERP)

Implementacija ERP sistema je složen i dinamičan proces, koji uključuje tehnološke i organizacione napore i aktivnosti. Prema Al-Mashari i Al-Mudimigh implementacija ERP sistema, u mnogim slučajevima, uzrokuje dramatične promene koje je potrebno pažljivo administrirati kako bi se iskoristile sve prednosti koje nude ERP rešenja [70]. Markus i Tanis navode tri osnovna rizika implementacije ERP sistema: visoki troškovi, gubitak konkurentske prednosti i otpor prema promenama [6]. Stoga, organizacije moraju pažljivo da analiziraju prednosti i mane implementacije ERP sistema pre donošenja odluke o samom ERP sistemu.

Uopšteno gledano, implementacija ERP sistema je obiman izazov, uzimajući u obzir tipičnu implementaciju ERP sistema koja traje u rasponu od jedne do pet godina [91]. Performanse organizacije će se prvo pogoršati pre nego što postanu bolje i organizacije često očekuju da će naići na otpor tokom faza implementacije ERP sistema [92]. Istraživači su razvijali različite modele implementacije ERP sistema i uprkos različitim imenovanjima, definisanju i posebnom fokusu na pojedinim fazama procesa implementacije ERP sistema, većina implementacionih modela se proteže od iniciranja projekta implementacije do puštanja sistema u rad, a često i korišćenja, održavanja i nadogradnje do zamene ili napuštanja sistema.

Ne postoji saglasnost između istraživača o definiciji i trajanju implementacije ERP sistema. Termin implementacije se ponekad koristi da označi samo tehničku implementaciju, što bi značilo da je razvoj sistema završen i da sistem funkcioniše adekvatno u tehničkom smislu, dok se u drugim prilikama ona koristi da uključi poslovne i/ili ljudske aspekte implementacije, kao npr. da li se sistem često koristi od strane zaposlenih u organizaciji ili da li se smatra korisnim, odnosno značajnim u njihovim ličnim radnim aktivnostima ili u koordinaciji sa drugima kolegama i da li implementirani sistem ima uticaj na organizaciju u celini [93]. Izraz implementacija se takođe koristi i da označi ceo životni ciklus ERP sistema, odnosno kompletan proces usvajanja, izbora, implementacije i korišćenja ERP sistema [94]. Harwood predlaže životni ciklus implementacije ERP sistema gde se termin implementacija odnosi na ceo proces identifikacije, izbora, primene i poboljšanja ERP sistema, a zatim upotrebljava termin implementacioni projekat ili stanje da ukaže na određeni deo prilagođavanja ERP sistema u skladu sa potrebama organizacije [95]. Postoje istraživači koji pojam implementacije posmatraju znatno uže, kao npr. Ehie i Madsen koji pod implementacijom ERP sistema podrazumevaju proces od pripreme projekta do puštanja sistema u rad [96]. Različiti modeli implementacije ERP sistema su prikazani u nastavku ovog poglavlja.

Raznolikost koja je vezana za termin implementacije ERP sistema potiče od nesporazuma vezanih za oblasti istraživanja ERP sistema i možda je jedno od objašnjenja za neke kontradiktorne rezultate dobijene istraživanjima. U nekim slučajevima to može da utiče na procenu uspešnosti, efektivnosti implementacije ERP sistema, jer u većini slučajeva istraživači koriste nedovoljno jasno termin "implementacija" da označe projekat implementacije ERP sistema i/ili upotrebu implementiranog ERP sistema.

Definicija "implementacija ERP sistema" se razlikuje po konsultantskom i proizvođačevom pogledu u odnosu na pogled organizacije koja usvaja ERP sistem. Krammergaard i Moller tvrde da se "u svetu ERP sistema", implementacija često koristi kao termin da opiše dobro definisan projekat u rasponu od izbora sistema kroz konfigurisanje i testiranje do faze puštanja u rad, gde sistem postaje operativan. U organizacionom pogledu implementacija podrazumeva ciklus kontinuiranog učenja gde se organizacioni procesi podržani od strane ERP sistema postepeno usklađuju sa poslovnim ciljevima, tako da se implementacija ERP sistema može posmatrati kao kontinuiran proces integracije i transformacije poslovanja upotrebom ERP sistema [97].

3.1. Razlozi za implementaciju ERP sistema

Odluke donete prilikom implementacije ERP sistema su strateške prirode i odnose se na ERP sistem koji treba usvojiti, obim implementacije, implementacionu strategiju, strategiju za pokretanje sistema (*go-live*), strategiju obuke, odluku da li ili ne nadograđivati sistem itd. Iako se u delu literature retko smatra da su ove odluke strateške, one to jesu zato što se usvajaju da podrže strateške ciljeve organizacije; obavezuju veliku količinu resursa organizacije; imaju dugoročni uticaj na oblikovanje ERP sistema i/ili organizacionih procesa; prožimaju celokupnu organizaciju i uključuju različite zainteresovane strane [98].

Osnovni razlozi kojima se organizacije vode pri izboru ERP sistema se odnose na poboljšanje performansi organizacije i donošenje odluka u cilju smanjenja troškova radne snage i administracije. Drugi razlozi su: pritisak od strane konkurenata, zahtevi poslovnih partnera koji žele da dobiju bržu uslugu, integracija između poslovnih jedinica, organizaciona standardizacija na različitim lokacijama i globalizacija poslovanja. Akvizicije i spajanja poslovnih jedinica primoravaju organizacije da se promene i funkcionišu kao jedan sistem. Međutim, za svaku organizaciju motivacija za implementaciju ERP sistema je različita, kao što i njihov redosled prioriteta zavisi od prirode projekta same implementacije.

O'Leary je grupisao razloge za implementaciju ERP sistema u četiri kategorije: tehnološka (*technology*), poslovna praksa (*business practices*), strateška (*strategic*) i konkurentna (*competitive*) [73]. Holland i sar. su prepoznali tri glavne dimenzije, kao što su: tehnička (*technical*), operativna (*operational*) i strateška (*strategic*). Neke studije navode razloge čak i u širim grupama, kao što su: tehnološke i poslovne performanse [99].

Na osnovu pregleda literature, najčešći razlozi koji su doveli do brzog rasta upotrebe ERP sistema se mogu sumirati na način prikazan tabelom 4:

Tehnički razlozi	Operativni razlozi	Strateški razlozi
• potreba za zajedničkom platformom i zamena postojeće IKT infrastrukture i • nekompatibilnosti više različitih informacionih sistema.	• poboljšanje procesa, • vidljivost podataka i • smanjenje radnih troškova.	• globalizacija poslovanja, • rast organizacije i fokusiranje na standardizaciju procesa, • razmatranje reinžinjeringa poslovnih procesa organizacije, • poboljšanje odziva kupaca, • potreba za efikasnošću i integracijom između jedinica i procesa i • poboljšanje performansi organizacije i donošenja odluka

Tabela 4: Razlozi za implementaciju ERP sistema

3.2. Životni ciklus ERP sistema

Detaljnim pregledom literature, utvrđeno je da među istraživačima ne postoji konsenzus po pitanju faza životnog ciklusa ERP sistema. Esteves i Pastor predložu okvir za proučavanje ERP sistema koji je predstavljen na slici **9** [100].

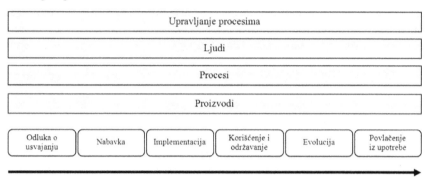

Slika 9: Životni ciklus ERP sistema [100]

Predstavljeni životni ciklus ERP sistema je strukturiran putem faza i dimenzija. Faze su različite etape životnog ciklusa ERP sistema u okviru organizacije a dimenzije su različiti pogledi na osnovu kojih se mogu analizirati faze. Ovako definisan okvir olakšava identifikovanje istraživanja koja uključuju teme i pitanja vezana za ERP sisteme.

Životni ciklus ERP sistema se sastoji od više etapa (faza) kroz koje ERP sistemi prolaze tokom čitavog svog životnog veka u okviru organizacije domaćina. Na slici **9** predstavljene su sledeće etape: faza donošenja odluke o usvajanju (*adoption decision phase*), faza nabavke (*acquisition phase*), faza implementacije (*implementation phase*), faza korišćenja i održavanja (*use and maintenance phase*), faza evolucije (*evolution phase*) i faza povlačenja iz upotrebe (*retirement phase*).

3.2.1. Faza donošenja odluke o implementaciji (usvajanju)

Preispituje se potreba za novim ERP sistemom koji će u najvećoj meri odgovarati poslovnim izazovima i strateški unaprediti organizaciju. Faza donošenja odluke o usvajanju obuhvata definisanje sistemskih zahteva, ciljeva i koristi, ali i analizu uticaja usvajanja ERP sistema na poslovnom i organizacionom nivou.

3.2.2. Faza nabavke

Predstavlja izbor softverskog proizvoda koji najviše odgovara zahtevima organizacije, kako bi se smanjila potreba za prilagođavanjem. Takođe, bira se i konsultantska kompanija koja treba da pomogne organizaciji u narednim fazama životnog ciklusa ERP sistema, posebno u fazi implementacije. Analiziraju se faktori kao što su cene, obuka kadrova i usluge održavanja, i definišu se pravni aspekti sporazuma. U ovoj fazi, analiziraju se potencijalne koristi i povratak uloženih sredstava u izabrani softverski proizvod (*return on investment - ROI*).

3.2.3. Faza implementacije

Sastoji se od prilagođavanja ili neophodne parametrizacije i adaptacije ERP sistema u skladu sa potrebama organizacije. Važnu ulogu u ovoj fazi čine konsultanti koji obezbeđuju pomoć u implementaciji ERP sistema i prenošenju znanja kroz obuke na sve korisnike izabranog ERP sistema.

3.2.4. Faza korišćenja i održavanja

Obuhvata korišćenje izabranog softverskog proizvoda na način koji donosi očekivane koristi i minimizira prekide u radu. Tokom ove faze, mora postojati svest o aspektima koji se odnose na funkcionalnost, upotrebljivost i adekvatnost u vezi sa organizacionim i poslovnim procesima. Kada je sistem implementiran, neophodno je njegovo održavanje, u cilju smanjenja broja otkaza ili korigovanja neadekvatnog funkcionisanja. Dodatno, moraju biti ispunjeni zahtevi za optimizaciju i izvršena opšta poboljšanja sistema.

3.2.5. Faza evolucije

Odgovara integraciji dodatnih mogućnosti sa već usvojenim ERP sistemom, pružajući nove pogodnosti kao što su npr. napredno planiranje i vremensko raspoređivanje (*advanced planning and scheduling*), upravljanje lancem snabdevanja (*supply - chain management*), upravljanje odnosima sa kupcima (*customer relationship management*), upravljanje tokovima procesa (*workflow management*) i proširenje granica organizacije u cilju saradnje sa partnerskim organizacijama.

3.2.6. Faza povlačenja iz upotrebe

Odgovara etapi kada se sa pojavom novih tehnologija ili neadekvatnosti usvojenog ERP sistema, odlučuje da li će se zameniti ERP sistem sa drugim poslovnim informacionim sistemom koji je adekvatniji potrebama organizacije u datom trenutku.

Životni ciklus ERP sistema prikazan na slici **9** definiše četiri oblasti interesa, odnosno pogleda na osnovu kojih se mogu analizirati različite faze životnog ciklusa ERP sistema, a to su: proizvodi, procesi, ljudi i upravljanje promenama.

3.2.7. Proizvodi

Ova dimenzija se fokusira na aspekte koji se odnose na razmatranje određenog ERP sistema (proizvoda), kao što su funkcionalnost, tehnički aspekti, potreba za hardverom i osnovnim softverom. Mora postojati detaljno razumevanje mogućnosti softverskog paketa da bi bilo moguće njegovo usklađivanje sa poslovnom strategijom organizacije, kako bi se utvrdilo da li se softverski paket koristi efektivno, u skladu sa potrebama organizacije, i kako se najbolje može primeniti na ispunjenje i širenje ciljeva organizacije.

3.2.8. Procesi

Svaka organizacija ima svoje osnovne funkcionalnosti koje moraju biti podržane od strane ERP sistema. Takođe, ERP sistem treba da pomogne u donošenju odluka neophodnih za upravljanje resursima i funkcionisanje organizacije. Obično, fokus investiranja u ERP sistem je na reinženjeringu poslovnih procesa (*Business Process Reengineering - BPR*) kako bi se omogućilo organizaciji da se prilagodi novim poslovnim modelima i funkcionalnim zahtevima ERP sistema u cilju postizanja boljih performansi same organizacije.

3.2.9. Ljudi

Ova dimenzija se odnosi na ljudske resurse i njihove veštine i uloge u životnom ciklusa ERP sistema. Ove veštine i uloge moraju da se razviju da bi se smanjio rizik prilikom uvođenja ERP sistema i olakšale organizacione promene. Bavljenje nepredviđenim okolnostima, promenama u načinu rada, kao i prilagođavanje novoj organizacionoj strukturi i kulturi su neki od aspekata koji se moraju naučiti i prihvatiti.

3.2.10. Upravljanje promenama

Ova dimenzija se odnosi na korpus znanja koji se koristi kako bi se osiguralo da jedna kompleksna promena, kao što je implementacija ERP sistema, dobije očekivan rezultat u predviđenom vremenskom roku i u okviru planiranog budžeta [101]. Upravljanje promenama olakšava prihvatanje novog sistema, omogućavajući organizaciji da ostvari koristi od upotrebe sistema.

Drugi autori uglavnom predložu modele za proučavanje ERP sistema sa fokusom na faze implementacije i korišćenja ERP sistema. Bancroft i sar. su predstavili pet faza implementacije ERP sistema [102]:

- **Fokus** (*Focus*) - uspostavljanje nadzornog odbora projekta, izbor i strukturiranje projektnog tima, razvijanje vodećih principa projekta, i kreiranje projektnog plana.

- **Trenutno stanje** (*As is*) - analiza trenutnih poslovnih procesa, instaliranje ERP sistema, mapiranje poslovnih procesa i obuka projektnog tima.

- **Buduće stanje** (*To be*) – detaljno projektovanje i podešavanje u cilju korisničkog prihvatanja, interaktivni prototipovi i stalna komunikacija sa korisnicima.

- **Izgradnja i testiranje** (*Construction and testing*) - razvoj sveobuhvatne konfiguracije, popunjavanje test aplikacija sa stvarnim podacima, izgradnja i testiranje interfejsa, oblikovanje i testiranje izveštaja, testiranje sistema i korisnika.

- **Stvarna implementacija** (*Actual implementation*) - izgradnja mreže, instaliranje i podešavanje radnih stanica, upravljanje korisničkom podrškom i obukom.

U okviru svog istraživanja Ross predstavlja implementaciju ERP sistema kroz pet faza [92]:

- **Projektovanje** (*Design*) – Organizacije donose odluku da li da promene svoje poslovne procese. Najčešće, ERP sistem je gotov softverski paket, i kao takav ne zadovoljava u potpunosti sve potrebe organizacija. Zbog toga, mnoge organizacije koriste ovaj aspekt kao šansu da promene svoje poslovne procese i naprave reinženjering celokupne organizacije. Isto tako, moguće je da organizacije odluče da prilagode softverski paket tako da odgovara njihovim poslovnim procesima.

- **Implementacija** (*Implementation*) - Ova faza zahteva kontinuitet i posvećenost novim metodama poslovanja. Potrebna je obuka za razumevanje kako će ERP sistem promeniti poslovne procese. Najznačajnija je odluka koju strategiju realizovati, da li korak po korak (*step-by-step*) ili sveobuhvatnu, odnosno eksplozivnu (*big bang*). Odluka je bazirana na aspektima kao što su veličina organizacije, složenost i struktura, resursi, odnos prema promenama i udaljenost između različitih proizvodnih objekata.

- **Stabilizacija** (*Stabilization*) - Nakon pokretanja sistema postoji period koji obično traje do godinu dana i tokom kojeg se procesi koji su planirani da budu u upotrebi intenzivno prate. Zaposleni moraju da se prilagode novoj sredini, podaci treba da se prečiste, implementacioni timovi treba da ostanu da podrže korisnike i rešavaju probleme u softverskom paketu. Organizacija treba da proceni uspeh implementacije ERP sistema. Koristi se najčešće analiziraju na bazi *cost - benefit* analize, vrednovanjem originalnih razloga za implementaciju ERP sistema i/ili merenjem zadovoljstva krajnjih korisnika implementiranim ERP sistemom.

- **Kontinuirano poboljšanje** (*Continuous improvement*) - Ova faza predstavlja period kada se stvaraju velike operativne prednosti. Funkcionalnost ERP sistema se povećava dodavanjem novih modula i drugih poboljšanja, kao što su elektronska razmena podataka, automatizacija prodaje, mogućnost podrške skladištenju i transportu, prognoziranje prodaje i slično. Ovo je takođe vreme za redizajniranje poslovnih procesa, struktura i uloga kako bi se maksimalno iskoristio implementirani ERP sistem.

- **Transformacija** (*Transformation*) - ERP sistem pruža organizacijama mogućnost da se transformišu. Promenom organizacionih granica, redefinisanjem organizacionih procesa donošenja odluka, organizacije postaju više klijentski i procesno orijentisane i sve više povezane sa svojim dobavljačima, partnerima i klijentima. Organizacija ima stalni napredak i transformacije koje vode do nove organizacione sredine i upravljanja, i prema dugoročnoj viziji implementacije ERP sistema. Samo nekoliko organizacija ikada stigne do faze transformacije, iako većina njih to planira.

Markus i Tanis su opisali četiri faze implementacije ERP sistema [6]:

- **Pokretanje** – izdavanje projekta (*Chartering*) - Ova faza obuhvata odluke koje dovode do finansiranja projekata vezanih za ERP sisteme. Uključeni su prodavci, konsultanti, menadžment organizacije i interni IKT stručnjaci. Ključne aktivnosti ove faze uključuju odluku o tome da li da se nastavi sa implementacijom ERP sistema ili ne, izbor softverskog paketa i implementacionog partnera.

- **Projektovanje** (*Project*) – Postavlja se i konfiguriše sistem. Uključeni su menadžer projekta, članovi tima projekta (predstavnici poslovnih jedinica i funkcionalnih oblasti), interni IKT stručnjaci, prodavci, i konsultanti. Ključne aktivnosti uključuju konfiguraciju softverskog paketa, integraciju sistema, testiranje, konverziju podataka i obuku zaposlenih.

- **Proba** – provera rada (*Shakedown*) – Sistem se stabilizuje eliminisanjem grešaka. Ova faza se odnosi na period od puštanja sistema u rad do stabilnog rada sistema odnosno rutinske upotrebe sistema. Ključne aktivnosti uključuju pronalaženje grešaka i njihovo otklanjanje, podešavanje performansi sistema, prekvalifikaciju osoblja i dr. U ovoj fazi, osećaju se greške prethodnih faza, obično u obliku smanjene produktivnosti ili poremećaja poslovanja.

- **Napredovanje i unapređivanje** (*Onward and upward*) – Sistem se održava, unapređuje i proširuje. Ova faza se odnosi na tekuće održavanje i unapređenje implementiranog ERP sistema. Ključno osoblje ove faze čine operativni menadžment, krajnji korisnici i osoblje IKT podrške. Ključne aktivnosti uključuju kontinuirano unapređenje poslovanja, dodatne korisničke veštine, nadogradnju novim izdanjima (verzijama) softverskog paketa, i postimplementacionu procenu uspešnosti, odnosno efektivnosti implementiranog sistema.

Somers, Nelson and Ragowsky definišu šest faza implementacionog procesa ERP sistema (vidi sliku **10**): **pokretanje inicijative** (*Initiation*), **usvajanje** (*Adoption*), **adaptacija** (*Adaptation*), **prihvatanje** (*Acceptance*), **kontinuirani rad** (*Routinisation*), i **utapanje** (*Infusion*) [103].

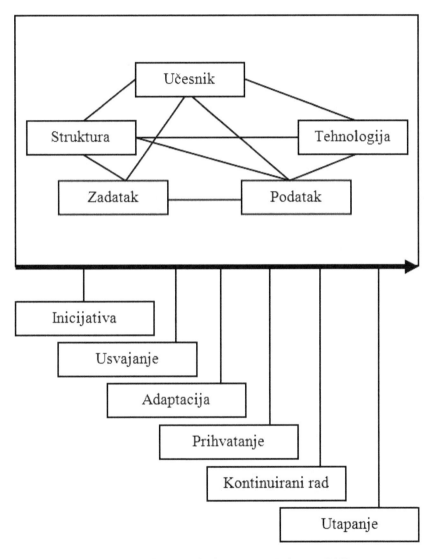

Slika 10: Implementacioni proces ERP sistema [103]

Chang i Gable definišu tri faze proučavanja ERP sistema [104]:

1. **pre-implementacija** (definisanje zahteva i izbor softverskog paketa),

2. **implementacija** (prilagođavanje i adaptacija softverskog paketa, projekta i upravljanje promenama) i

3. **post-implementacija** (korišćenje, nadogradnja, kao i procena uspešnosti, odnosno efektivnosti implementiranog ERP sistema).

Parr i Shanks su predstavili implementacioni model u tri faze: planiranje (*Planning*), projektovanje (*Project*) i proširenje (*Enhancement*) [105].

Ehie i Madsen su definisali model koji uključuje pet etapa (faza) da opišu glavne faze procesa implementacije ERP sistema (vidi sliku **11**). Ovaj model je formiran na osnovu prethodne literature i intervjua koje su istraživači sprovodili sa iskusnim konsultantima i korisnicima ERP sistema. Osnovna logika ovog modela je da je implementacija ERP sistema podeljena na pet osnovnih etapa (faza), gde svaka predstavlja posebnu prekretnicu (značajnu tačku) u procesu implementacije ERP sistema. Na kraju svake od faza, menadžment zadužen za implementaciju ERP sistema vrši reviziju kako bi se uverili da se svi akteri slažu sa rezultatima pre nego što se nastavi u sledeću fazu. Definisane faze implementacije ERP sistema su prethođene okvirom strateške arhitekture organizacije (*Enterprise Architectire – EA*) i okružene upravljanjem promenama (*Change Management*) i aktivnostima razvoja procesa poslovanja (*Business development*) [96]. EA koncept i njegov uticaj na uspeh – efektivnost ERP sistema autor je detaljno opisao u svojim ranijim istraživanja [106] i u okviru ovog udžbenika se neće detaljnije objašnjavati.

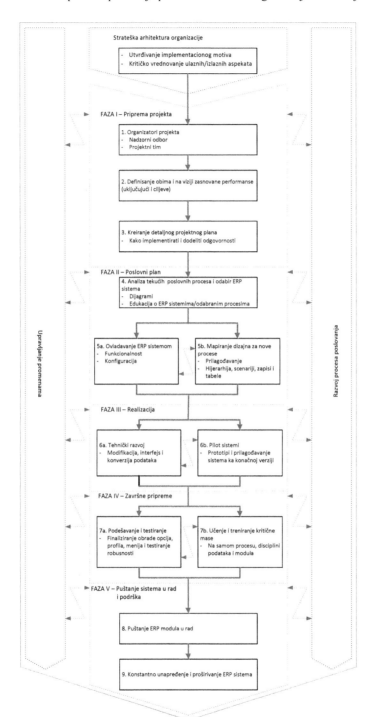

Slika 11: Proces implementacije ERP sistema [96]

Ovih pet faza i izbori, odnosno mogućnosti koje organizacija može da načini ili ima prilikom implementacije ERP sistema se mogu ukratko opisati na sledeći način:

1. Faza **pripreme projekta** (*Project Preparation*) implementacionog procesa se sastoji od pripreme za planiranje zadataka i organizovanje ljudi. Formiraju se projektni tim i nadzorni odbor (*Steering Committee*). To je veoma važna i kritična faza projekta implementacije ERP sistema, jer predstavlja osnovu za projekat. Pored toga, definišu se vizija i ciljevi, kao i sveobuhvatan proces planiranja, ukjučujući resurse, vremenske odrednice i ključne tačke – prekretnice. Uspostavljaju se budžetski ciljevi.

2. U drugoj fazi, **poslovni plan** (*Business Blueprint*), donosi se odluka o izboru ERP sistema, o funkcionalnostima izabranog sistema ili modulima, o implementacionim konsultantima itd. Faza poslovni plan obuhvata detaljnu analizu koja će omogućiti kreiranje dokumentacije o zahtevima poslovnih procesa. Pored toga, ova faza se sastoji od analiziranja tekućih poslovnih procesa i istraživanja mogućnosti za reinženjering poslovnih procesa.

3. Treća faza, **realizacija** (*Realization*), se bavi tehničkim aspektom i podrazumeva izgradnju prototipa sistema zasnovanog na procesima i procedurama istraženim u prethodnoj fazi. Istovremeno, testiranju se svi poslovni procesi na "pilot sistemu".

4. U četvrtoj fazi, **završne pripreme** (*Final Preparation*), uključeno je testiranje u vezi sa konfiguracijom, integracijom, kvalitetom, interfejsom i izveštajima sistema, sa različitim situacijama izuzetaka i sa potpunim podacima. Osim toga, ova faza se bavi obukom korisnika za puštanje sistema u rad (*Go-Live*). Stoga, organizacije moraju doneti odluku o strategiji obuke zaposlenih koji će koristiti ERP sistem u svakodnevnim aktivnostima.

5. Peta faza, **puštanje sistema u rad i podrška** (*Go-Live and Support*), konačno donosi funkcionalan sistem krajnjim korisnicima, bavi se pitanjima vezanim za održavanje i unapređenje čineći da implementirani ERP sistem radi usklađeno i vrši funkciju cilja. Ova faza uključuje i praćenje implementiranog sistema u slučaju neophodnih promena i modifikacija kao reakcije na probleme koji mogu uticati na performanse ERP sistema. Tokom ove faze, organizacije donose odluke o strategiji puštanja sistema u rad i strategiji održavanja sistema.

Ukratko, iako su istraživači predstavljenih modela definisali različite faze implementacije ERP sistema, neke od predstavljenih faza su vrlo slične ili se preklapaju sa drugima. U ovom udžbeniku, autori su odlučili da usvoje Chang i Gable viđenje životnog ciklusa ERP sistema kao model implementacije ERP sistema.

3.3. Strategije i pristupi implementacije ERP sistema

Organizacija koja namerava da implementira ERP sistem mora da bude svesna kompromisa uključenih u donošenju važnih odluka, kako bi se smanjio rizik od neuspeha i optimizovala implementacija ERP sistema. Organizacije koje implementiraju ERP sistem moraju da odluče da li da kupe sve module ERP sistema od jednog proizvođača ili da izaberu module ERP sistema od različitih proizvođača na osnovu svojih posebnih potreba. Ove dve strategije se nazivaju *Enterprise Suite* i najbolje u klasi, respektivno. Light i Mabert i sar. navode da rešenje sa više proizvođača može da obezbedi najbolju funkcionalnost za svaki modul, ali je implementacija složenija zbog interfejsa koji treba da se uspostavi [17, 107]. Rešenje jednog proizvođača, s druge strane možda neće imati sve neophodne funkcije, ali će biti lakše za implementaciju. Slično tome, organizacija koja implementira ERP sistem mora da odluči da li da usvoji poslovne procese ugrađene u ERP sistem ili da prilagodi ERP sistem postojećim poslovnim procesima organizacije. Prvi način se naziva konfigurisanje dok se drugi naziva prilagođavanje. Prema Krumbholz i sar. moguća "nepoklapanja" proističu iz razlike između mogućnosti ERP sistema i poslovnih zahteva organizacije koja sprovodi implementaciju [108]. Neophodno je da organizacija konfiguriše ERP sistem ili prilagodi svoje poslovanje ERP sistemu u cilju rešavanja "nepoklapanja" [109].

Tipična, i najčešća kategorizacija pristupa implementaciji ERP sistema se bazira na dva osnovna faktora: obim implementacije i funkcije koje se implementiraju. Devenport predlaže matricu pristupa implementaciji ERP sistema na osnovu ovih faktora sa dve krajnosti: inkrementalnog, odnosno postupnog (*incremental*) i sveobuhvatnog, odnosno eksplozivnog (*big-bang*) pristupa. Inkrementalni pristup implementira ERP sistem i povezane poslovne promene u malim koracima, modul po modul, dok sveobuhvatni pristup uključuje implementaciju svih modula istovremeno [11].

Sveobuhvatni pristup implementacije se odnosi na scenario po kome se odbacuje stari sistem i uvode svi moduli novog sistema u svaku poslovnu jedinicu istovremeno [76, 87]. Iako sveobuhvatni pristup implementaciji ima niz prednosti, jer ne zahteva paralelan rad starog (nasleđenog) sistema i ERP sistema, zahteva intenzivnu upotrebu resursa u kratkom vremenskom periodu sa manje raspoloživih resursa za rešavanje problema vezanih za pojedine module, čime se povećava rizik od pada celokupnog sistema [103]. Postepeni (inkrementalni, modularni) pristup implementacije, s druge strane se odnosi na scenario po kome se realizuje jedan modul, a onda se on upotrebljava paralelno sa nasleđem sistemom dok izlazni rezultati ne postanu zadovoljavajući (npr. izveštaji). Proces se ponavlja za sve izabrane module ERP sistema. Iako ovaj pristup predstavlja minimalan rizik od neuspeha, dovodi do povećanja troškova implementacije ERP sistema. Imperativ je da organizacije koje planiraju da implementiraju ERP sistem moraju da budu svesne kompromisa svojstvenih različitim konkurentnim strategijama kako bi mogli da donose odluke i povećaju šanse za uspeh svojih implementacija.

Parr i Shanks su definisali tri glavne kategorije, odnosno načina implementacije ERP sistema: sveobuhvatni (*comprehensive*), delimični (*middle-road*) i vanila (*vanilla*) način implementacije [110].

3.3.1. Sveobuhvatna implementacija

Ova kategorija predstavlja najambiciozniji implementacioni pristup. Tipično, to su veliki i skupi projekti koje često sprovode multi-nacionalne kompanije na više različitih lokacija. To je implementacija pune funkcionalnosti ERP sistema, koja može da obuhvati i industrijski specifične module. Obim i nivo reinženjeringa poslovnih procesa koji je zahtevan je visok i pokušava se da se optimizuju poslovni procesi na lokalnom nivou ili da se izvede centralno usklađivanje procesa. Ovaj pristup podrazumeva, odnosno izaziva veliku alokaciju resursa, posvećeno rukovodstvo i značajno upravljanje rizikom, ali donosi sve prednosti ERP sistema.

3.3.2. Delimična (srednja) implementacija

Tendencija je na trogodišnjim projektima realizovanim na jednoj lokaciji ili na nekoliko sličnih lokacija organizacije domaćina. Odluka organizacije je da se implementiraju samo osnovni moduli ERP sistema. Reinženjering poslovnih procesa je potreban, ali ne u meri kao kod sveobuhvatnog pristupa. U zavisnosti od rezultata reinženjeringa poslovnih procesa, neophodne su manje ili veće promene u ERP sistemu koji se implementira. Projekti uključuju neke tehničke i organizacione rizike, nema tipične strategije implementacije i zahteva prosečnu upotrebu resursa.

3.3.3. Vanila pristup

Ovakav pristup je najmanje ambiciozan i najmanje rizičan, uključuje male projekte koji se obično mogu implementirati za manje od godinu dana. Najčešće se implementira na jednoj određenoj lokaciji, bez koordinacije sa drugim lokacijama organizacije. Odluka je da se implementiraju samo osnovne funkcionalnosti ERP sistema sa malo ili nimalo reinženjeringa poslovnih procesa. Ovi projekti su najmanje komplikovani, ne sadrže značajne tehničke i organizacione rizike i imaju najmanje troškove.

Karakteristike svake od nabrojanih kategorije su fizički obim (*physical scope*) – broj uključenih lokacija za implementaciju, broj krajnjih korisnika; obim reinženjeringa poslovnih procesa (*BPR scope*) – stepen promene poslovnih procesa; tehnički obim (*technical scope*) – stepen modifikovanja ERP sistema; strategija implementacije modula (*module implementation strategy*) – izbor modula i način implementacije; i alokacija resursa (*resource allocation*) – troškovi i trajanje projekta. Svaka od ovih karakteristika ima opseg vrednosti koje predstavljaju osnovne odluke koje se donose u procesu implementacije, i svaka od njih ima posledice na implementaciju. Kombinacije ovih karakteristika služe da se posmatrana implementacija postavi u jednu od kategorija. Više od jedne kombinacije karakteristika mogu rezultirati u istu kategoriju [110].

Prodavci i konsultanti imaju tendenciju da promovišu tzv. vanila pristup sa argumentom da ugrađene strukture u ERP sistem predstavljaju najbolje prakse, kao i da bi prilagođavanje dovelo da buduće nadogradnje budu komplikovanije. Menadžment organizacije zabrinut troškovima i rizicima u vezi sa prilagođavanjem, može takođe podržati usvajanje struktura paketa sa minimalnim podešavanjima [78, 109, 111].

U kontekstu implementacije ERP sistema, modifikacija softverskog paketa može da varira od prilagođavanja programskog koda, do povezivanja sa posebno razvijenim i prilagođenim modulima drugih proizvođača [8, 107]. Mnogi istraživači tvrde da prilagođavanje usporava projekat, uvodi greške u sistem i čini nadogradnju sledeće verzije ERP sistema veoma teškom, jer prilagođavanje mora biti rasparčano i prerađeno da bi se uklopilo sa novom verzijom [87, 107, 112]. Nasuprot tome, podrazumeva manje organizacionih promena, jer ne zahteva dramatične promene u načinu kako organizacija posluje, i načinu kako zaposleni obavljaju svoje poslovne aktivnosti. U literaturi o ERP sistemima često se nalaze tvrdnje da prilagođavanje ERP sistema nije racionalno jer zahteva dodatno fokusiranje na poboljšanja koja mogu doneti konkurentnu prednost organizaciji [78, 113].

Tipična implementacija ERP sistema obično uključuje mešavinu prilagođavanja organizacije i softverskog paketa [70, 77, 107, 114]. Dakle, odluka koju organizacija može doneti kao odgovor na svako "nepoklapanje" je rezultat procesa interakcije i pregovora između različitih strana, uključujući rukovodstvo, korisnike, računarsko odeljenje i konsultante. Priroda "nepoklapanja" vrši snažan uticaj na to da li će struktura ERP sistema preovladati (organizacija bi se prilagođavala ERP sistemu), ili je veća verovatnoća da će organizaciona struktura da preovlada (ERP sistem bi bio prilagođen dodavanjem dodatnih modula ili modifikaciom programskog koda softverskog paketa).

Konačno, proizvođači softvera i implementacioni konsultanti uglavnom formalizuju svoje prethodno iskustvo u pristup, ili metodologiju koja služi kao okvir za implementaciju ERP sistema. Danas postoji toliko ERP implementacionih metoda koliko ima i konsultanata [115].

3.4. ERP sistemi i reinženjering poslovnih procesa

Iako ERP sistemi nude potencijalno velike prednosti, implementacija ERP sistema može da dovede do velikih promena u poslovnim procesima organizacije [10, 70]. U prošlosti, organizacije su definisale kako žele da posluju, a zatim odabrale softverske pakete koji bi podržali njihove poslovne procese, i često prepravljale veliki deo softverskog rešenja da obezbede podudarnost sa svojim poslovnim procesima. Sa ERP sistemima, međutim, ovaj redosled može biti obrnut u smislu da poslovanje često mora biti modifikovano da bi se uklopilo u sistem. Iako su neka prilagođavanja moguća, složenost sistema čini velike modifikacije često neizvodljivim. Iako ERP sistemi obično nude opšta rešenja, neke organizacije mogu naći da njihov način poslovanja nije podržan od strane ERP sistema. Organizacije ne uspevaju da pomire tehnološki imperativ ERP sistema sa poslovnim potrebama organizacije, dakle neuspešno instaliranju ERP sistem, što je proces koji je obično veoma skup i bez rezultata [99, 116].

3.5. Izazovi implementacije ERP sistema

ERP sistemi obećavaju da će poboljšati ključne indikatore poslovanja, kao što su efikasnost, profitabilnost, zadovoljstvo kupaca, znanje i druge vrednosti. S druge strane, ERP sistemi su veoma kompleksni informacioni sistemi i implementacija ovih sistema je težak i skup proces postavljanja velikih zahteva pred resurse organizacije [117]. Iako organizacije troše velike količine novca na ERP sisteme i sam proces implementacije, postoje obimni dokazi da se suočavaju sa ozbiljnim problemima, naročito tokom same implementacije [76]. U literaturi su dokumentovani brojni problemi u vezi sa implementacijom i korišćenjem ERP sistema i neki od njih su objašnjeni u daljem tekstu.

3.5.1. Problemi povezivanja i integracije

Integracija je često navođena kao ključni cilj u vezi sa implementacijom ERP sistema [6, 70]. ERP sistem stvara veze između različitih poslovnih procesa i tokova podataka kako bi se osiguralo da bilo koje odeljenje u organizaciji može dobiti informacije o određenom delu poslovanja. Informacije koje su prethodno održavala različita odeljenja moraju biti integrisani i dostupni organizaciji kao celini [118]. Poslovni procesi moraju biti čvrsto integrisani, poslovi redefinisani i kreirane nove procedure kroz čitavu organizaciju. Ceo proces promene je izazovan i zaposleni su često nespremni za nove uloge i procedure [119, 120]. Integracija postojećih samostalnih informacionih sistema sa ERP sistemima je veliki problem za mnoge organizacije [118]. Ovo dalje komplikuje činjenica da ERP sistemi takođe nastoje da integrišu poslovne procese u organizacijama koje su prethodno bile zasnovane na funkcijama. Dakle, proces orijentacije koji proističe iz procesa integracije je protiv funkcionalne diferencijacije što je uobičajeno u tradicionalnim organizacijama. Takođe, postoje problemi razmene informacija, koji mogu biti u suprotnosti sa postojećim praksama i kulturom [121].

Problem integracije ERP sistema je star koliko i sam ERP sistem. Nedugo nakon pojavljivanja prvog ERP paketa, organizacije su nastojale da poboljšaju stepen integracije između njihovih ERP paketa i drugih aplikacija, kao što su postojeći sistemi ili kasnije veb portali koji omogućavaju elektronsko poslovanje.

3.5.2. Tehnološka složenost

ERP sistemi su verovatno najsloženiji i najobuhvatniji poslovni informacioni sistemi [122]. Bingi i sar. naglašavaju kompleksnost ERP sistema i navode da je ERP paket toliko složen i veliki da je potrebno više godina i mnogo novca za implementaciju ERP sistema [123]. Sawah i sar. se slažu sa prethodnom tvrdnjom i navode da je implementacija ERP sistema toliko složena da je dokazano da je previše teška za mnoge organizacije [124].

3.5.3. Nedostatak odgovarajućeg menadžmenta za ERP sisteme

Većina menadžera je obučena da upravljaju proizvodnom linijom, odeljenjem, ili kancelarijom i retko su obučeni da optimizuju performanse organizacije kao celine [119, 120]. Međutim, poslovni informacioni sistemi, kao što je ERP sistem zahtevaju menadžere koji imaju širi pogled, mogu da obuhvataju i druge proizvode, odeljenja, pa čak i poslovanja van organizacije. Zbog toga, ERP sistemi moraju biti razvijeni i implementirani tokom vremena vođeni zajedničkim ciljevima i vizijom.

3.5.4. Cena tehnologije

Iako je cena prethodno projektovanog softverskog paketa manja u poređenju sa razvojem softvera u kući, ukupni troškovi implementacije bi mogli biti tri do pet puta viši od nabavne cene softverskog paketa [125]. To je zato što je ERP sistem polugotov proizvod koji treba da bude konfigurisan i/ili prilagođen potrebama organizacije uz pomoć konsultanata. Cena implementacije je još viša kada organizacija odluči da izvede veća prilagođavanja. Troškovi angažovanja konsultanata mogu da dostignu i do 30% ukupnog budžeta za implementaciju. Prelazak na ERP sistem je obiman projekat i vrlo skup za organizaciju. Organizacija treba da planira i troškove konsultanata, proces dorade, testiranje integracija i druge troškove pre nego što se počnu osećati koristi od implementiranog ERP sistema u organizaciji.

3.5.5. Odliv zaposlenih

Mnoge organizacije jednostavno nastoje da završe projekte brzo u strahu od prelaska zaposlenih u druge organizacije. Odluka organizacije da stvara u samoj organizaciji obučene stručnjake za ERP sisteme nosi svoje opasnosti. Kada su izabrani zaposleni obučeni i u njih uložena značajna sredstva, izazov je zadržati ih, pogotovo što je tržište spremno da prihvati kvalifikovane ERP konsultante [126]. Zaposleni mogu znatno uvećeti svoja primanja prihvatanjem druge pozicije. Strategije zadržavanja, kao što su bonus programi, razne privilegije, povećanje plata, kontinuirane obuke i obrazovanje, i apelovanje na lojalnost organizaciji mogu da funkcionišu. Koriste se i ostale nematerijalne strategije, kao što je npr. fleksibilno radno vreme [126].

3.5.6. Organizaciona promena

Implementacija ERP sistema nije samo softverski projekat, već projekat organizacione promene. Projektni poziv za saradnju, timski rad i planiranje organizacionih promena su teško sprovodivi kada je rukovodstvo suviše zauzeto da bi posvetilo adekvatnu pažnju projektu [77]. Uspešno uvođenje ERP sistema nije lak zadatak jer su neophodne velike promene poslovnih procesa organizacije zahtevane ERP sistemom [8]. Projekat dovodi do masivne organizacione promene, sastoji se od više funkcionalnih modula koji mogu obuhvatiti celu organizaciju, a ipak dele zajedničku bazu podataka [121]. Uvođenje bilo koje nove tehnologije i integracija odeljenja dovode do smanjene potrebe za mnogim osobljem što dovodi do otpuštanja zaposlenih. Organizaciji mogu nedostajati sredstava za nadoknadu zaposlenima koji gube svoj posao. Dakle, organizacije moraju predvideti otpornost na ERP sisteme, naročito kada se kombinuje sa reinženjeringom poslovnih procesa [120].

3.5.7. Kvalitet proizvoda i pouzdanost prodavaca i/ili konsultanata ERP sistema

Iako ERP sistemi postaju sve sličniji u funkcionalnosti, oni su i dalje različiti u kvalitetu, jednostavnosti implementacije i podrške proizvođača. Stabilnost nove verzije ERP sistema ne može biti zagarantovana. Razvojni inženjeri menjaju hardverske platforme, operativne sisteme i sisteme za upravljenje bazama podataka, a neki put arhitekturu celokupnog sistema. S obzirom da proizvođači neprestano razvijaju nove verzije svojih ERP proizvoda, jedan prodavac može imati nekoliko verzija istog sistema. To takođe može značiti da je verzija koju organizacija nabavlja sasvim nova, ali nestabilna i puna grešaka, samim tim sklona padu, odnosno otkazu [70].

Pored prethodno navedenih problema koji su izvedeni iz studija sprovedenih u industrijski razvijenim državama odakle su poreklom i sami ERP sistemi, transfer tehnologije u zemlje u razvoju je često praćen problemima neusklađenosti sa lokalnim uslovima ili zahtevima. Lokalni uslovi se sastoje od različitih dimenzija, uključujući i specifične društvene i ekonomske prilike, kulturne vrednosti, i tehnička pitanja kao što su dostupnost opreme, nedostatak obučenih i iskusnih kadrova, pouzdanost napajanja i telekomunikacione infrastrukture [127]. Najveći problemi sa kojima se suočavaju organizacije u zemljama u razvoju koje implementiraju ERP sisteme su vezani za nekompatibilnost radnih praksi.

3.5.8. Nekompatibilnost radnih praksi

Iako su ERP sistemi globalni proizvodi, oni uključuju vrednosti i prakse koje ne moraju nužno da odgovaraju svim poslovnim okruženjima [78, 128, 129]. Organizacije se suočavaju sa različitim problemima vezanim za ERP sisteme, prilagođavajući se sistemu imaju potrebu da menjaju svoje organizacione prakse, kako bi se uklopili u "najbolje prakse" ugrađene u ERP sistem [114, 130, 131]. Kako organizacije moraju da menjaju svoje interne procese, da bi ih uklopile sa ERP sistemima, jasno je da to nije problematično u sredinama gde su ti sistemi i nastali, jer "najbolje prakse" koje su ugrađene u ERP sisteme odražavaju poslovanje razvijenih industrija. Međutim, u kulturnim kontekstima koji sadrže organizacione prakse koje se razlikuju od onih u americi i evropi, može biti značajnih problema u vezi sa reinženjeringom lokalnih praksi i procesa. Mnogi istraživači [8, 82, 128, 131] sugerišu oprez organizacijama u zemljama i industrijama van onih posmatranih prilikom razvijanja ERP sistema jer će se češće susretati sa nepoklapanjima ERP sistema i poslovanja svojih organizacija.

3.6. Kritični faktori uspeha (*Critical Success Factors* - CSFs)

Mnogi autori ističu značaj implementacije ERP sistema u cilju podrške strateških ciljeva organizacije [132, 133, 134, 135]. Iz perspektive prakse, iako su ERP sistemi od strane prodavaca i konsultanata predstavljeni kao sredstvo za poboljšanje kontrole nad poslovanjem, osnaživanje zaposlenih i unapređenje poslovnih procesa, nisu postignute očekivane koristi u mnogim organizacijama. Ovo je navelo na istraživanje kritičnih faktora uspeha vezanih za primenu ERP sistema [6, 9, 136]. Mnoštvo je objavljenih naučnih i stručnih radova koji se bave teškoćama implementacije ERP sistema predlažući kritične faktore uspeha (*critical success factors - CSFs*) implementacije ERP sistema [6, 9, 99, 70, 77, 137, 138].

Nije novi fenomen za IT istraživače da se utvrdi lista dostupnih kritičnih faktora uspeha za IT projektne inicijative [139, 140]. Mnogi istraživači [9, 77, 138] su sprovodili istraživanja u ovoj oblasti da identifikuju faktore specifične za ERP implementaciju, kako bi se savetovale organizacije o tome koji od faktora su najkritičniji za organizaciju [94, 110]. ERP sistemi su usvojeni od strane različitih organizacija širom sveta sa više različitih vrsta kulturnog porekla (*cultural background*). Postoje razlike kritičnih faktora uspeha za proces implementacije ERP sistema u različitim zemljama. Utvrđeno je da poznavanje nacionalnih kulturnih karakteristika pomaže da se razumeju razlike u procesu implementacije ERP sistema [141].

Willcocks i Sykes su identifikovali devet osnovnih faktora neophodnih za uspešnu implementaciju ERP sistema, a to su: (1) IT rukovodstvo, (2) poslovni sistem razmišljanja, (3) stvaranje veza, (4) planiranje arhitektura, (5) fiksiranje tehnologija, (6) informisana kupovina, (7) olakšavanje ugovaranja, (8) praćenje ugovora, i (9) razvoj dobavljača [12].

Na sličan način, Nah i sar. su identifikovali jedanaest kritičnih faktora uspeha u vezi sa implementacijom ERP sistema: (1) ERP timski rad i kompozicija, (2) promena programa upravljanja i kulture, (3) podrška top menadžmenta, (4) poslovni plan i vizija, (5) reinženjering poslovnih procesa sa minimalnim prilagođavanjem, (6) upravljanje projektima, (7) praćenje i vrednovanje rada, (8) efikasna komunikaciju, (9) razvoj softvera, testiranje i rešavanje problema, (10) upotreba projekat šampiona (*project champion*), i (11) odgovarajući poslovni i IT nasleđeni sistemi [9].

Umble i sar. su kategorisali ključne faktore pod deset glavnih tačaka i to: (1) jasno razumevanje strateških ciljeva, (2) posvećenost najvišeg rukovodstva, (3) odlično implementaciono upravljanje projektima, (4) veliki implementacioni tim, (5) uspešno suočavanje sa tehničkim pitanjima, (6) organizaciona posvećenost promenama, (7) intenzivno obrazovanje i obuka, (8) tačnost podataka, (9) fokusirano merenje performansi, i (10) pitanja vezana za višestruke lokacije organizacije [77].

Sarker i Lee su ispitali iz društvene perspektive tri ključna faktora koja omogućavaju uspešnu implementaciju ERP sistema, a to su (1) jako i posvećeno liderstvo, (2) otvorena i iskrena komunikacija i (3) uravnotežen i ovlašćen tim za implementaciju. Njihovi rezultati ukazuju da, iako je jako i posvećeno rukovodstvo nužan uslov za uspešnu implementaciju ERP sistema, isto ne mora da drži otvorenu i iskrenu komunikaciju i uravnotežen i osnažen tim za implementaciju [142].

Istraživački nalazi u vezi sa kritičnim faktorima uspeha su korisni za predviđanje ishoda projekata u vezi sa ERP sistemima, ali oni ne objašnjavaju adekvatno zašto se posmatrani rezultat poslovanja desio. Istraživanje ERP sistema u poređenju sa drugim istraživanjima u oblasti IS, pokazuje da su teorije o implementaciji ERP sistema dobile manje pažnje [143, 144]. Većina studija sprovedena u oblasti kritičnih faktora uspeha ima nedostatak teorijskih osnova da uspešno poveže kritične faktore uspeha i implementacione rezultate bilo koje vrste. Osim toga, ne postoji konsenzus o kritičnim faktorima uspeha zbog razlika u kontekstu između organizacija koje implementiraju ERP sisteme [138].

Literatura o faktorima uspeha projekata implementacije ERP sistema je raznovrsna. Većina autora naglašava značaj podrške menadžmenta, komunikacije i veštine projektnog tima, efikasno poslovanje i upravljanje promenama plana, kao i efikasno upravljanje projektom. Iako mnogi autori impliciraju da se predloženi faktori uspeha mogu koristiti kao merilo za određivanje uspeha ili neuspeha projekata implementacije ERP sistema, takođe, mogu postojati i drugi faktori koji utiču na doživljavanje uspeha ili neuspeha takvih sistema tokom stvarne upotrebe od strane krajnjih korisnika.

Uz pomenute faktore uspeha postavljene na svoje mesto, implementacija ima dobru polaznu tačku. Ono što takođe treba imati na umu od samog početka, jeste tačnost podataka. Zbog integrisane prirode ERP sistema, svi netačni podaci koji se unose u sistem će imati domino efekat i uticaće na celu organizaciju. Dalje, od sistema se može dobiti samo ono što je u njega i stavljeno: tačno izveštavanje će biti moguće samo ako su tačni podaci uneti u sistem. Značaj tačnosti podataka treba kasnije istaći i krajnjim korisnicima, ali u početku implementacije, mora da bude jasno projektnom timu. Sve u svemu, jak projektni tim sa još jačim menadžmentom projekta su od vitalnog značaja za uspešan završetak implementacije. Pažljivo praćenje napretka projekta, razvoj plana rada i plana resursa i jasna definicija ciljeva su dobri primeri osnovnih zadataka koje menadžment projekta mora da reši [77].

3.7. Nadogradnja ERP sistema

Nešto o čemu se vrlo malo i retko diskutuje u vezi sa ERP sistemom je odluka o nadogradnji. Pod nadogradnjom se podrazumeva softverski paket koji zamenjuje instaliranu verziju softverskog proizvoda novijom verzijom istog proizvoda. Proces nadogradnje ostavlja postojeće podatke o klijentima i preferencije netaknutim, dok menja postojeći softver novijom verzijom.

Odluke o nadogradnji ERP sistema mogu biti pod uticajem strateškog opredeljenja organizacije prema novim tehnologijama. Organizacija koja se promoviše kao istraživačka ili tehnološki inovator verovatno će usvojiti najnovije nadogradne čim se pojave na tržištu. S druge strane, organizacija koja sebe smatra kao sledbenika tehnologije će verovatno sačekati sa nadogradnjom dok migracija ne postane apsolutno neophodna i nova verzija detaljno testirana u okruženju ranijih usvojitelja [145].

Pored strateške orijentacije prema tehnologiji same organizacije, odluka o nadogradnji može biti i pod uticajem okoline [146]. Najočigledniji relevantni uticaj okruženja je ERP proizvođač, koji ostvaruje dobit od prodaje ili izdavanja licenci ERP softvera. Prodavci aktivno prodaju na tržištu nove verzije i pre njihove spremnosti, obećavajući karakteristike i funkcije koje još nisu ugrađene ili nisu dovoljno testirane. Takve najave mogu uticati na vreme kupčeve odluke za nadogradnju ili kupovinu. Isto tako, kada ERP sistem podržava kritične procese a trenutna verzija sistema više nije podržavana od strane prodavca, organizacija je primorana na nadogradnju sledeće verzije. Konačno, prodavci ERP sistema obično označe datum nakon koga više ne daju podršku za određenu verziju, tako da su organizacije koje zahtevaju podršku prodavca pod pritiskom da izvrše nadogradnju pre označenog datuma od strane proizvođača.

Iako organizacija može da odluči da koristi nepodržavani softver, ERP proizvodi vremenom postaju nekompatibilni sa drugim sistemima ili zahtevaju nove funkcionalnosti. Ukoliko organizacije ne razviju sopstveni sistem ili nađu drugi izvor, njihova jedina opcija postaje nadogradnja na novu verziju koja je podržana od strane prodavca. Međutim, organizacije ne treba da izvrše nadogradnju na svaku novu verziju softvera, pošto prodavci obično daju podršku za više verzija u isto vreme.

3.8. Aktuelni trend ERP sistema

Evolutivni process ERP sistema se nastavlja i standardni ERP paketi su redizajnirani u cilju osvajanja tržišta zemalja u razvoju, malih i srednjih preduzeća i različitih vrsta industrija [147, 148].

Devenport, čiji je akademsko pisanje o prekretnici ERP sistema najprihvatljivije ljudima iz prakse, primećuje da je ERP sistem preduslov za rad u 21. veku [10, 11]. Sa pojavom veb tehnologija ERP sistemi postaju aplikacije "koje moraju da se imaju" ako organizacije treba da iskoriste prednosti e-poslovanja. Beard i Summer podržavaju ovaj argument navodeći da su danas, ERP sistemi jedna od najznačajnijih investicija u sferi poslovnog softvera novog doba [132].

Sa pojavom e-poslovanja, bilo je jasno da je ERP sistem neophodan preduslov kao infrastruktura za e-poslovanje. Norris i sar., objavljuju istraživanje u kojem izveštavaju da ispravno implementirani e-poslovanje i ERP tehnologija u harmoniji zaista stvaraju situaciju gde je jedan plus jedan više nego dva. Oni tvrde da veb zasnovana tehnologija udiše život u ERP tehnologiju koja je velika, tehnološki glomazna, i nije uvek lako otkriti njenu vrednost. U isto vreme, ERP sistem omogućava e-poslovanju da dođe u punu snagu, tako što čini pravu suštinu iza organizacijskih veb portala e-poslovanja. Dok ERP sistem organizuje informacije u okviru organizacije, e-poslovanje distribuira te informacije nadaleko i naširoko. Ukratko, ERP sistemi i tehnologije e-poslovanja dopunjuju jedna drugu [149].

Danas, motivacija za implementaciju ERP sistema se najčešće fokusira na unapređenje poslovanja smanjenjem operativnih troškova, omogućavanje poslovne integracije, podršku komunikaciji sa klijentima, poboljšanje vidljivosti podataka i unapređenje poslovnih odluka.

4. Sistemi za planiranje poslovnih resursa (ERP) u organizacijama u Srbiji

U ovom poglavlju su predstavljeni rezultati istraživanja implementiranih ERP sistema u izabranim organizacijama u Srbiji. Sumirani su stavovi stručnjaka i praktikanata ERP sistema u organizacijama u Srbiji prikupljeni putem veb upitnika a zatim su predstavljene izabrane organizacije koje su učestvovale u nastavku istraživanja putem studija slučaja kao i njihova implementaciona iskustva. Organizacije su učestvovale u istraživanju na dobrovoljnoj osnovi, zahtevale su anonimnost i nisu identifikovane svojim imenom, već se razlikuju kao slučajevi, odnosno organizacije A, B, C, D, E, F, G i H. Upotreba pseudonima (anonimnosti) u predstavljanju organizacija od strane autora je bio jedini način da se podstakne učešće organizacija, odnosno njihovih predstavnika u istraživanju, što i jeste prihvaćena praksa u istraživanjima studija slučaja [150, 151, 152] a i nije od značaja za konačne rezultate samog istraživanja.

Takođe, predstavljen je prototip softverskog rešenja za planiranje proizvodnje i pripremu procesa rada. Kompletna struktura menija i jedan deo ekranskih formi i izveštaja su prikazani u ovom poglavlju a ostatak u prilogu A ovog udžbenika. Ekranske forme i izveštaji prototipa softverskog rešenja za planiranje proizvodnje i pripremu procesa rada su prikazani sa testnim podacima.

4.1. ERP sistemi u organizacijama u Srbiji – stavovi stručnjaka i praktikanata u oblasti ERP sistema

Prema istraživanjima koje sprovodi Republički zavod za statistiku Republike Srbije, iako ulaganja u ERP sisteme imaju godišnji rast od oko 30% i čine 5% ukupnih ulaganja u IKT, upotreba ERP sistema u organizacijama u Srbiji je imala skromni rast sa 10% koliko je iznosila 2008. godine na 11,5% u 2010. godini [153].

U cilju detaljnijeg upoznavanja sa tržištem ERP sistema, implementiranim ERP sistemima u organizacijama u Srbiji, sagledavanja stavova stručnjaka i praktikanata u oblasti ERP sistema za potrebe ovog udžbenika sprovedeno je istraživanje putem veb upitnika. Kompletan sadržaj veb upitnika je prikazan u prilogu B. Ispitanici su bili pojedinci u organizacijama koji trenutno koriste ERP sistem ili su bili uključeni i/ili imaju saznanja o implementacionom projektu ERP sistema u svojim organizacijama.

Na osnovu prikupljenih podataka koji se odnose na tip poslovanja organizacije, analiza odgovora ispitanika pokazuje da su oni najčešće zaposleni ili su bili uključeni u projekte implementacije ERP sistema u organizacijama iz oblasti Finansijskog posredovanja (34,48%), Prerađivačke industrije (20,69%), Saobraćaja, skladištenja i veze (16,09%) i Trgovine na veliko i malo (10,34%) što je prikazano u tabeli 5 i na slici **12**. Dobijeni rezultati su u skladu sa rezultatima istraživanja koje sprovodi Republički zavod za statistiku Republike Srbije po metodologiji Evrostata na uzorku od 1200 organizacija na osnovu kojeg banke i osiguravajuća društva najviše koriste ERP sisteme (27,3%), a da zatim slede organizacije iz oblasti Prerađivačke industrije (15,4%) i Saobraćaja, skladištenja i veze (14,7%) [153].

Oblast rada organizacije / tip poslovanja	Procenat %	Broj odgovora
Finansijsko posredovanje	34.48%	30
Prerađivačka industrija	20.69%	18
Saobraćaj, skladištenje i veze	16.09%	14
Trgovina na veliko i malo	10.34%	9
Ostale komunalne, društvene i lične uslužne delatnosti	9.20%	8
Hoteli i restorani	3.45%	3
Proizvodnja i snabdevanje električnom energijom, gasom i vodom	2.30%	2
Obrazovanje	2.30%	2
Građevinarstvo	1.15%	1
Suma:	**100.00%**	**87**

Tabela 5: ERP sistemi u organizacijama u Srbiji na osnovu tipa poslovanja organizacije

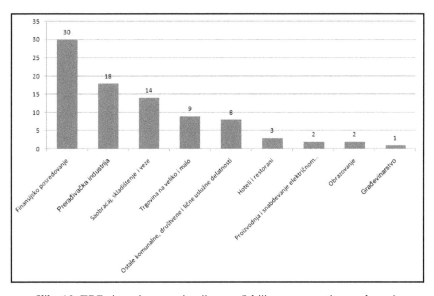

Slika 12: ERP sistemi u organizacijama u Srbiji na osnovu tipa poslovanja organizacije

Ako se analiziraju odgovori ispitanika prema veličini organizacije iz koje dolaze, 62,07% ispitanika je navelo da je zaposleno u velikim organizacijama koje imaju preko 250 zaposlenih, što zajedno sa organizacijama srednje veličine koje broje između 50 i 249 zaposlenih čini 88,51% svih ispitanika (vidi tabelu 6 i sliku **13**). Na osnovu ovoga može se zaključiti, što je i očekivano, da je najveći broj implementacija ERP sistema sproveden u velikim organizacijama, a da zatim slede organizacije srednje veličine, dok je neznatan broj implementacija ERP sistema u malim organizacijama. Ove nalaze potvrđuje i istraživanje Republičkog zavoda za statistiku Republike Srbije prema kome je u 2010. godini 43,1% velikih organizacija i 17,8% organizacija srednje veličine imalo implementiran ERP sistem, nasuprot svega 7,6% malih organizacija koje su implementirale ERP sisteme [153].

Veličina organizacije	Procenat %	Broj odgovora
Mala (10-49 zaposlenih)	11.49%	10
Srednja (50-249 zaposlenih)	26.44%	23
Velika (250 i više zaposlenih)	62.07%	54
Suma:	**100.00%**	**87**

Tabela 6: ERP sistemi u organizacijama u Srbiji na osnovu veličine organizacije

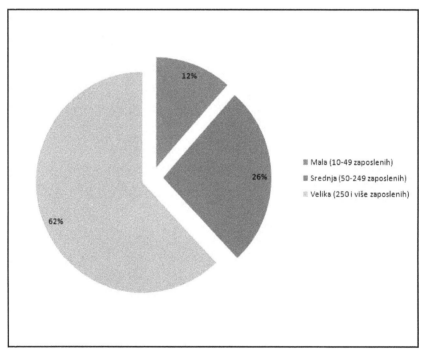

Slika 13: ERP sistemi u organizacijama u Srbiji na osnovu tipa poslovanja
organizacije

Istraživači u oblasti IS i ERP sistema, kao npr. Sedera i sar. tvrde da poslovni menadžeri, zaposleni u IT odeljenju i menadžeri za kvalitet imaju najviše saznanja o implementiranim ERP sistemima u organizaciji i da će oni moći da pruže relevantne informacije koje su neophodne za istraživanje [154]. Analiza prikupljenih podataka putem veb upitnika koji je sproveden u okviru ovog udžbenika pokazuje da su ispitanici najčešće bili zaposleni u IT odeljenjima ili kao menadžeri za kvalitet u svojim organizacija (vidi tabelu 7 i sliku **14**) što potvrđuje i u skladu je sa prethodnim istraživanjima sprovedenim u ovoj oblasti.

Radno mesto / pozicija u organizaciji	Procenat %	Broj odgovora
Zaposlen u IT odeljenju	40.23%	35
Menadžer za kvalitet	26.44%	23
Direktor preduzeća	12.64%	11
Zaposlen u administraciji	8.05%	7
Direktor sektora	6.90%	6
Menadžer za nabavku	3.45%	3
Menadžer za marketing i prodaju	1.15%	1
Poslovođa	1.15%	1
Suma:	**100.00%**	**87**

Tabela 7: Radno mesto/pozicija u organizaciji ispitanika

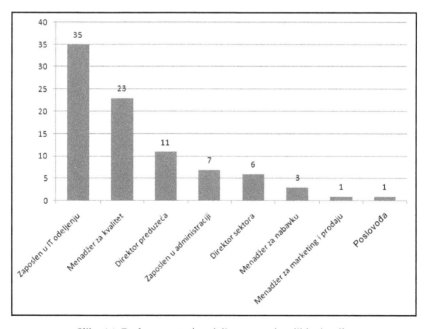

Slika 14: Radno mesto/pozicija u organizaciji ispitanika

Organizacije su vođene različitim kriterijumima prilikom donošenja odluke da li da implementiraju ERP sistem, tako da motivacija za implementaciju ERP sistema može biti različita od organizacije do organizacije. Ispitanici koji su učestvovali u ovom delu istraživanja su rangirali po važnosti razloge za implementaciju ERP sistema u svojim organizacijama na skali od 1 (Nevažno) do 5 (Važno). U tabeli 8 i na slici **15** su prikazani razlozi, odnosno motivacija za implementaciju ERP sistema u organizacijama u Srbiji.

Razlozi (motivacija) za implementaciju ERP sistema	Prosečna vrednost	Broj odgovora
Zamena starih (nasleđenih) sistema	4.39	87
Pojednostavljenje i standardizacija sistema	4.07	87
Poboljšanje interakcije sa dobavljačima i kupcima	3.97	87
Sticanje strateške prednosti	3.90	87
Pritisak da se održi korak sa konkurencijom	3.85	87
Integracija ka globalnim aktivnostima	3.78	87
Restrukturiranje organizacije	3.54	87
Lakoća nadogradnje (unapređenje) sistema	3.24	87
Rešavanje problema vezanih za 2000. godinu	2.09	87

Tabela 8: Razlozi (motivacija) za implementaciju ERP sistema u organizacijama u Srbiji

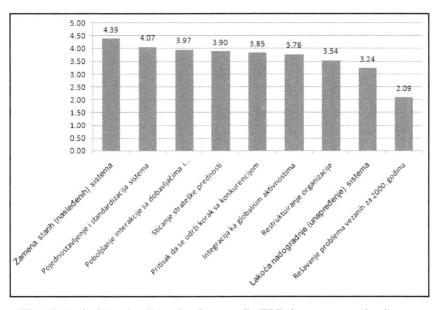

Slika 15: Razlozi (motivacija) za implementaciju ERP sistema u organizacijama u Srbiji

Poređenje dobijenih rezultata ovog istraživanja sa rezultatima istraživanja sprovedenih u organizacijama u SAD i Švedskoj je prikazano u tabeli 9.

Razlozi za implementaciju ERP sistema	Srbija		SAD		Švedska	
	Važnost	Rang	Važnost	Rang	Važnost	Rang
Zamena starih (nasleđenih) sistema	4,39	1	4,06	1	4,11	1
Pojednostavljenje i standardizacija sistema	4,07	2	3,85	2	3,67	2
Poboljšanje interakcije sa dobavljačima i kupcima	3,97	3	3,55	3	3,16	4
Sticanje strateške prednosti	3,90	4	3,46	4	3,18	3
Pritisak da se održi korak sa konkurencijom	3,85	5	2,99	7	2,48	8-9
Integracija ka globalnim aktivnostima	3,78	6	3,17	5	2,85	6
Restrukturiranje organizacije	3,54	7	2,58	9	2,70	7
Lakoća nadogradnje (unapređenja) sistema	3,24	8	2,91	8	2,96	5
Rešavanje problema vezanih za 2000. godinu	2,09	9	3,08	6	2,48	8-9

Tabela 9: Razlozi za implementaciju ERP sistema u organizacijama u Srbiji, SAD i Švedskoj – Rangiranje od 1 (Nevažno) do 5 (Važno) [155].

Zamena postojećih (nasleđenih) sistema i pojednostavljenje i standardizacija sistema su od strane ispitanika u sva tri istraživanja navedeni kao primarni razlozi organizacija za implementaciju ERP sistema. Takođe, visoko su rangirani i razlozi kao što su poboljšanje interakcije sa dobavljačima i kupcima i sticanje strateške prednosti. Pritisak da se održi korak sa konkurencijom je relativno visoko rangiran kao razlog za implementaciju ERP sistema u organizacijama u Srbiji dok je slabije rangiran u druge dve studije. Isto tako, postoji razlika u rangiranju i kod rešavanja problema vezanih za 2000. godinu koje je dobilo niže rangiranje u istraživanjima u sprovedenim u organizacijama u Srbiji i Švedskoj nego u istraživanju koje je obuhvatilo organizacije u SAD.

Ispitanici koji su učestvovali u ovom istraživanju, najčešće su svoja iskustva vezana za ERP sisteme sticali u okruženjima najpoznatijih brendova ERP sistema. Ukupno skoro 69% svih ispitanika je navelo da je njihova organizacija implementirala ERP sisteme najpoznatijih svetskih proizvođača kao što su SAP, Microsoft i Oracle (vidi tabelu 10 i sliku 16). Istraživanje je takođe pokazalo da deo tržišta, preko 30% ERP sistema u Srbiji pokrivaju lokalne i/ili regionalne IT kompanije obezbeđujući implementaciju i obuku ERP proizvoda koje su razvile uglavnom za male ili organizacije srednje veličine. Ovi softverski paketi su razvijeni kako bi se odgovorilo na domaće zakonodavstvo i lokalne uslove poslovanja. Njihova implementacija je obično manje vremenski i finansijski zahtevna, fleksibilnija je i lakše se prilagođava specifičnim zahtevima. Dok sa druge strane, ovakva rešenja često nisu dovoljno „zrela", odnosno optimizovana i dokazana kroz različite primene, tako da nemaju kapaciteta za adekvatnu podršku i diskutabilan je njihov potencijal u oblikovanju poslovnih procesa, uvođenju najboljih poslovnih praksi i standarda koji obezbeđuju efikasnost, efektivnost i buduću konkurentnost na tržištu, što su glavni argumenti implementacije ERP sistema.

Slične rezultate navodi Panorama Consulting Group (PCG) u svom izveštaju za 2010. godinu [156]. Rezultati istraživanja koje je sprovedeno 2009. godine i obuhvatilo 1600 organizacija iz celog sveta, pokazuju da najveći deo tržišta ERP sistema pokrivaju proizvođači SAP (31%), Oracle (25%) i Microsoft (15%), što predstavlja 71% ukupnog tržišta ERP sistema. Isti izvor navodi da su se i u prethodnom periodu od 2005. do 2009. godine organizacije koje su implementirale ERP sisteme najčešće odlučivale za ova tri proizvođača ali i da ovaj procenat polako opada.

Proizvođači implementiranih ERP sistema	Procenat %	Broj odgovora
SAP	34.48%	30
Microsoft	18.39%	16
Oracle	16.09%	14
IIB društvo za informatički inženjering doo	8.05%	7
M&I Systems, Co	8.05%	7
ABSoft	4.60%	4
Digit doo	3.45%	3
Saga Infotech	3.45%	3
ASW Inženjering	3.45%	3
Suma:	**100.00%**	**87**

Tabela 10: ERP sistemi u organizacijama u Srbiji na osnovu proizvođača ERP sistema

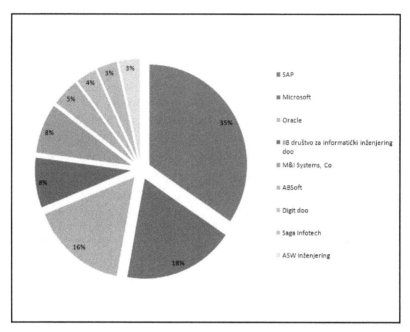

Slika 16: ERP sistemi u organizacijama u Srbiji na osnovu proizvođača ERP sistema

Organizacije se prilikom implementacije ERP sistema odlučuju za različite module koji bi na najbolji način mogli da podrže njihove poslovne procese. U okviru ovog istraživanja, ispitanici su najčeće navodili da su njihove organizacije implementirale sledeće module: Finansije i računovodstvo (90,80%), Ljudski resursi (64,37%) i Prodaja i distribucija (36,78%), a najređe su navodili Upravljanje životnim ciklusom proizvoda (2,30%), Maloprodaja (5,75%) i Napredno planiranje / Upravljanje lancem snabdevanja (6.90%) kao module koje su implamentirale njihove organizacije (vidi tabelu 11 i sliku **17**). Jedan od razloga za ovakvo rangiranje modula ERP sistema može biti i to što se napredni moduli kao što su Upravljanje životnim ciklusom proizvoda, Napredno planiranje i/ili Poslovna inteligencija implementiraju tokom druge faze kada su osnovni moduli ERP sistema već u funkciji i pokrivaju izabrane poslovne procese u organizaciji.

Implementirani moduli ERP sistema	Procenat %	Broj odgovora
Upravljanje životnim ciklusom proizvoda (PLM)	2.30%	2
Maloprodaja	5.75%	5
Napredno planiranje / Upravljenje lancem snabdevanja	6.90%	6
Poslovna inteligencija	9.20%	8
Održavanje	10.34%	9
Upravljanje investicijama	14.94%	13
Transport / Logistika	20.69%	18
Upravljanje projektima	20.69%	18
Proizvodnja	21.84%	19
Upravljanje materijalima	22.99%	20
Upravljanje skladištima	27.59%	24
Upravljanje odnosima s korisnicima (CRM)	29.89%	26
Upravljenje kvalitetom	32.18%	28
Prodaja i distribucija	36.78%	32
Ljudski resursi	64.37%	56
Finansije i računovodstvo	90.80%	79

Tabela 11: Implementirani moduli ERP sistema u organizacijama u Srbiji

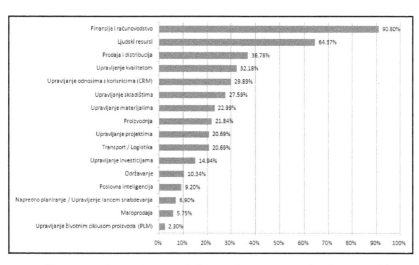

Slika 17: Implementirani moduli ERP sistema u organizacijama u Srbiji

Na osnovu prikupljenih podataka koji se odnose na period nakon implementacije ERP sistema, analiza odgovora ispitanika pokazuje da su skoro 60% organizacija završile implementacije izabranih ERP sistema u periodu pre više od jedne a manje od tri godine, a da manje od 20% organizacija ima postimplementaciono iskustvo duže od tri godine (vidi tabelu 12 i sliku **18**).

Broj godina nakon završetka implementacije izabranog ERP sistema:	Procenat %	Broj odgovora
< 1 godine	21.84%	19
1 – 3 godine	58.62%	51
> 3 godine	19.54%	17
Suma:	**100.00%**	**87**

Tabela 12: ERP sistemi u organizacijama u Srbiji na osnovu perioda nakon implementacije izabranog ERP sistema

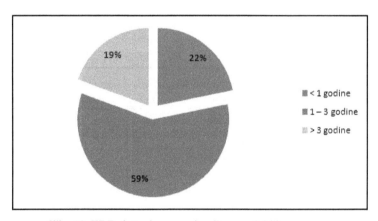

Slika 18: ERP sistemi u organizacijama u Srbiji na osnovu

Takođe, ispitanici smatraju da implementacija ERP sistema ne može preko noći da unapredi performanse organizacije i donese kompetitivnu prednost na tržištu. Neophodno je da prođe vreme kako bi se u organizaciji osetile koristi od implementiranog ERP sistema i mogla proceniti uspešnost projekta implementacije izabranog ERP sistema. Tako 42,53% ispitanika smatra da je potrebno jedna do dve godine kako bi se u organizaciji osetile koristi od implementiranog ERP sistema, 29,89% ispitanika smatra da je za to potrebno dve do tri godine, a 18,39% ispitanika smatra da je neophodno da prođe čak više od tri godine kako bi se osetile koristi, stekla relevantna iskustva i mogao proceniti ukupni uspeh, odnosno efektivnost implementiranog ERP sistema (vidi tabelu 13 i sliku **19**).

Vreme potrebno da bi se u organizaciji osetile koristi od implementiranog ERP sistema:	Procenat %	Broj odgovora
< 1 godine	9.20%	8
1 – 2 godine	42.53%	37
2 – 3 godine	29.89%	26
> 3 godine	18.39%	16
Suma:	**100.00%**	**87**

Tabela 13: Neophodno vreme da bi se u organizaciji osetile koristi od implementiranog ERP sistema

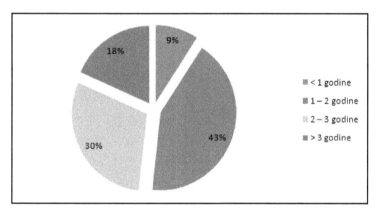

Slika 19: Neophodno vreme da bi se u organizaciji osetile koristi od implementiranog ERP sistema

Većina ispitanika, njih 88,51% navodi da organizacije u kojima se oni nalaze a koje su implementirale ERP sisteme ne procenjuju koristi i uticaje implementiranih ERP sistema na organizaciju i njeno poslovanje, što je prikazano u tabeli 14 i na slici **20**. Oni ispitanici koji su naveli da njihove organizacije procenjuju koristi implementiranih ERP sistema smatraju da se koristi uglavnom procenjuju finansijskim pokazateljima (npr. *cost/benefit* analiza).

Isto tako u velikom procentu od 82,76% ispitanici smatraju da njihove organizacije ne bi dale saglasnost za istraživanje uspeha, odnosno efektivnosti implementiranih ERP sistema i njihov uticaj na organizaciju koje bi sprovodio istraživač van organizacije (vidi tabelu 15 i sliku **21**). Samo devet ispitanika je ostavilo kontakt podatke.

Procenjivanje koristi i uticaja implementiranog ERP sistema na organizaciju:	Procenat %	Broj odgovora
Da	11.49%	10
Ne	88.51%	77
Način procene:		Fin pok
Suma:	**100.00%**	**87**

Tabela 14: ERP sistemi u organizacijama u Srbiji na osnovu procenjivanja koristi i uticaja implementiranih ERP sistema na organizaciju

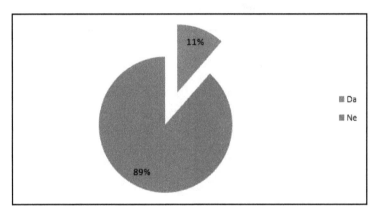

Slika 20: ERP sistemi u organizacijama u Srbiji na osnovu procenjivanja koristi i uticaja implementiranih ERP sistema na organizaciju

10. Učešće u istraživanju merenja uspeha, odnosno efektivnosti implementiranih ERP sistema u Srbiji:	Procenat %	Broj odgovora
Da	17.24%	15
Ne	82.76%	72
Suma:	**100.00%**	**87**

Tabela 15: Procena ispitanika o spremnosti organizacija u Srbiji da učestvuju u istraživanju merenja uspeha, odnosno efektivnosti implementiranih ERP sistema

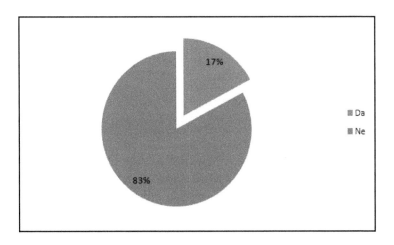

Slika 21: Procena ispitanika o spremnosti organizacija u Srbiji da učestvuju u istraživanju merenja uspeha, odnosno efektivnosti implementiranih ERP sistema

Na osnovu rezultata preliminarnog istraživanja sprovedenog putem veb upitnika autori zaključuju da naredne faze istraživanja ERP sistema u organizacijama u Srbiji treba sprovoditi u velikim organizacijama i eventualno organizacijama srednje veličine koje su na osnovu delatnosti, odnosno tipa poslovanja svrstane u oblasti Finansijskog posredovanja, Prerađivačke industrije, Saobraćaja, skladištenja i veze i Trgovine na veliko i malo koje su najčešći usvojitelji ERP sistema među organizacijama u Srbiji. Ove organizacije su najčešće implementirale ERP sisteme najpoznatijih proizvođača ERP sistema kao što je SAP. Iako većina organizacija ne procenjuje koristi i uticaje implementiranih ERP sistema na organizaciju, istraživanje je pokazalo da zaposleni u IT odeljenju, menadžeri za kvalitet i rukovodioci sektora i/ili preduzeća imaju najviše saznanja o projektu implementacije ERP sistema i svesti o potrebi jednog takvog istraživanja i da bi prvenstveno njih trebalo kontaktirati za nastavak istraživanja. Takođe, ispitanici su u velikom procentu potvrdili neophodnost postojanja vremenske distance od pokretanja ERP sistema do procene ukupnog uspeha, odnosno efektivnosti ERP sistema u organizaciji koja ga je usvojila, tako da su u narednim fazama istraživanja kontaktirane organizacija koje su implemetirale izabrane ERP sisteme pre više od dve godine.

4.2. ERP implementaciona iskustva izabranih organizacija u Srbiji – Studije slučaja

Predstavnici organizacija koje su učestvovale u ovoj fazi istraživanja su intervjuisani u cilju prikupljanja što više informacija o njihovim implementacionim iskustvima i temama u vezi sa uspehom, odnosno efektivnošću implementiranog ERP sistema. Pitanja korišćena za intervjue sa predstavnicima izabranih organizacija su prikazana u prilogu C. Ukupno je intervjuisano 14 osoba koje su podsticane da predstave iskustva i poglede svojih organizacija u vezi sa projektom implementacije ERP sistema. U tabeli 16 su prikazane osnovne karakteristike izabranih organizacija, uključujući oblast rada (tip poslovanja), veličinu organizacije, broj učesnika intervjua za svaku organizaciju i protekle godine nakon završetka implementacije ERP sistema.

Organizacija (slučaj)	Oblast rada (tip poslovanja)	Veličina	Broj učesnika intervjua	Vreme nakon implementacije ERP sistema
A	Saobraćaj, skladištenje i veze	Velika	1	5 godina
B	Trgovina na veliko i trgovina na malo	Velika	3	5 godina
C	Prerađivačka industrija, proizvodnja prehrambenih proizvoda, pića i duvana	Velika	1	4 godine
D	Prerađivačka industrija, proizvodnja mašina i uređaja	Velika	2	5 godina
E	Prerađivačka industrija, prerada drveta i proizvodi od drveta	Velika	2	10 godina
F	Građevinarstvo	Srednja	1	8 godina
G	Trgovina na veliko i trgovina na malo	Mala	2	4 godine
H	Trgovina na veliko i trgovina na malo	Mala	2	3 godine

Tabela 16: Studije slučaja – Osnovni podaci o izabranim organizacijama

Pojedinačni izveštaji studija slučaja o svakoj od osam izabranih organizacija su prikazani u nastavku teksta. Izveštaji predstavljaju ključne odgovore predstavnika organizacija u vezi sa projektom implementacije ERP sistema u izabranim organizacijama.

4.2.1. Izveštaj studije slučaja – Organizacija A

Organizacija A je na osnovu primarne delatnosti svrstana u „Sektor Z – Saobraćaj, skladištenje i veze" i na osnovu veličine organizacije u „veliko preduzeće" [157]. Organizaciju A je u ovom delu istraživanja predstavljao i pružio tražene informacije putem intervjua regionalni direktor. Implementacija izabranog ERP sistema, ukupno devet modula, je završena 2007. godine a ključni odgovori su prikazani u tabeli 17.

Oblast rada organizacije / tip poslovanja:	Saobraćaj, skladištenje i veze
Veličina organizacije:	Veliko preduzeće
Radno mesto / pozicija / odeljenje u organizaciji predstavnika organizacije:	Regionalni direktor
Softver korišćen pre implementacije ERP sistema:	Softversko rešenje koje je razvijeno „u kući", odnosno razvijalo ga je IT odeljenje
Iniciranje procesa implementacije (usvajanja) ERP sistema:	Upravni odbor je doneo odluku o implementaciji ERP sistema
Razlog za implementaciju ERP sistema:	Standardizacija sistema, zamena postojećeg sistema, sticanje strateške prednosti, poboljšanje interakcije sa klijentima, unapređenje poslovanja
ERP sistem implementiran u organizaciji:	SAP
Implementirani moduli izabranog ERP sistema:	Finansijsko računovodstvo (FI), Kontroling – upravljačko računovodstvo (CO), Upravljanje materijalima i zalihama (MM), Prodaja i distribucija (SD), Upravljanje kadrovima (HR), Upravljanje investicijama (IM), Upravljanje odnosima sa klijentima (CRM), Korisnički servis (CS), Upravljanje i administracija sistema (BC)
Početak implementacije ERP sistema:	2005. godina
Završetak implementacije ERP sistema:	2007. godina
Održavanje i unapređenje ERP sistema:	Prevashodno IT odeljenje ali povremeno i konsultanti, spoljni saradnici (outsourcing)
Kvaliteti / vrednosti / koristi koje organizacija povezuje sa implementiranim ERP sistemom:	Lak za korišćenje kada se naviknete, podaci su uglavnom vidljivi, tačni i pravovremeni, vrlo efikasan i funkcionalan, olakšava izveštavanje, podaci su integrisani u okviru organizacije
Uticaji koje organizacija povezuje sa implementiranim ERP sistemom:	Smanjenje troškova i ušteda vremena, pružanje pravovremenih informacija klijentima, povećanje efektivnosti i efikasnosti, poboljšanje koordinacije između odeljenja u organizaciji
Aktivnosti koje organizacija čini da poveća pozitivne uticaje ERP sistema:	Obučavanje novozaposlenih radnika, redovni backup podataka, obaveza korišćenja ERP sistema za sve zaposlene
Procena kvaliteta / vrednosti / koristi i uticaja implementiranog ERP sistema od strane organizacije:	Organizacija nije procenjivala implementirani ERP sistem do sada
Strateška uloga ERP sistema:	Objedinjavanje funkcija u organizaciji, ako je dobro implementiran i sve radi kako treba menadžment ima bolji uvid u stanje u organizaciji
Veza ERP sistema i sposobnost organizacije za promenama:	Organizacija se prilagođava sistemu kao što se i sistem prilagođava za podršku procesima u organizaciji, najbolje je da to prođe što brže, zato se uzimaju gotovi softverski paketi
Uloga Enterprise Architecture u implementaciji ERP sistema:	Mora postojati okvir poslovanja u kojem će sistem funkcionisati. SAP ne može da se uvodi stihijski već moraju postojati procedure, tako je za sve velike i dugotrajne IT projekte

Tabela 17: Ključni odgovori i osnovni podaci o organizaciji A

4.2.2. Izveštaj studije slučaja – Organizacija B

Organizacija B je međunarodna organizacija prisutna u 13 država sveta, i na osnovu primarne delatnosti u Srbiji svrstana je u „Sektor E – Trgovina na veliko i trgovina na malo" a na osnovu veličine organizacije u „veliko preduzeće" [157]. Organizaciju B su u ovom delu istraživanja predstavljali i odgovarali na pitanja vezana za implementaciju ERP sistema menadžer za kvalitet i zaposleni u IT odeljenju. Implementacija izabranog ERP sistema, ukupno pet modula, je završena 2007. godine. Ključni odgovori su prikazani u tabeli 18.

Oblast rada organizacije / tip poslovanja:	Trgovina na veliko i trgovina na malo
Veličina organizacije:	Veliko preduzeće
Radno mesto / pozicija / odeljenje u organizaciji predstavnika organizacije:	Menadžer za kvalitet i zaposleni u IT odeljenju
Softver korišćen pre implementacije ERP sistema:	Više MS Access baza podataka uglavnom nepovezanih i nekompatibilnih i Excell dokumenti
Iniciranje procesa implementacije (usvajanja) ERP sistema:	Menadžment u centrali organizacije
Razlog za implementaciju ERP sistema:	Poboljšanje poslovanja, zahtev uprave u cilju da se održi korak sa konkurencijom, zamena starih nefunkcionalnih sistema, interakcija ka globalnim aktivnostima, standardizacija sistema
ERP sistem implementiran u organizaciji:	SAP
Implementirani moduli izabranog ERP sistema:	Finansijsko računovodstvo (FI), Kontroling – upravljačko računovodstvo (CO), Upravljanje materijalima i zalihama (MM), Prodaja i distribucija (SD), Upravljanje investicijama (IM)
Početak implementacije ERP sistema:	2006. godine
Završetak implementacije ERP sistema:	2007. godine
Održavanje i unapređenje ERP sistema:	Sve aktivnosti izvode obučeni stručnjaci iz IT odeljenja i samo povremeno strana kompanija koja je uvodila ERP sistem
Kvaliteti / vrednosti / koristi koje organizacija povezuje sa implementiranim ERP sistemom:	Lako pretraživanje, dosta automatskog unosa, teško je „prevariti sistem", odlično i u pravo vreme izveštavanje i fakturisanje ali ne podržava kreativnost zaposlenih
Uticaji koje organizacija povezuje sa implementiranim ERP sistemom:	Brže se šalju izveštaji i fakture, lakše se vide dužnici, bolja pretraga, znatno bolja „vidljivost" resursa, centralizacija a samim tim i bolje korišćenje podataka
Aktivnosti koje organizacija čini da poveća pozitivne uticaje ERP sistema:	Obavezna obuka svih zaposlenih, prave se finansijske analize na nivou sektora
Procena kvaliteta / vrednosti / koristi i uticaja implementiranog ERP sistema od strane organizacije:	Postoje određene interne provere implementiranog sistema ali to nije detaljno, rade se i *cost/benefit* analize
Strateška uloga ERP sistema:	Razlozi uvođenja sistema su tehnološki i poslovni samim tim je on strateški. Moduli su povezali funkcionalne celini u organizaciji, pa je olakšano vođenje raznih evidencija
Veza ERP sistema i sposobnost organizacije za promenama:	Potreba za promenom postoji, softver nosi sa sobom skoro 90% načina poslovanja, ostatak se prilagođava organizaciji. Potreban je oprez prilikom izbora modula i načina implementacije sistema jer samo tako može doći do strateškog poboljšanja
Uloga *Enterprise Architecture* u implementaciji ERP sistema:	Implementartori sistema su insistirali na okviru u kojem se sistem postavlja u funkciju i kojim redom se moduli uvode i slično

Tabela 18: Ključni odgovori i osnovni podaci o organizaciji B

4.2.3. Izveštaj studije slučaja – Organizacija C

Organizacija C je na osnovu primarne delatnosti svrstana u „Sektor G – Prerađivačka industrija; podsektor GA – Proizvodnja prehrambenih proizvoda, pića i duvana" i na osnovu veličine organizacije u „veliko preduzeće" [157]. Organizaciju C je u ovom delu istraživanja predstavljao i prezentovao implementaciona iskustva organizacije menadžer za kvalitet. Implementacija izabranog ERP sistema, ukupno devet modula, je završena 2008. godine i ključni odgovori su prikazani u tabeli 19.

Oblast rada organizacije / tip poslovanja:	Prerađivačka industrija, proizvodnja prehrambenih proizvoda, pića i duvana
Veličina organizacije:	Veliko preduzeće
Radno mesto / pozicija / odeljenje u organizaciji predstavnika organizacije:	Menadžer za kvalitet
Softver korišćen pre implementacije ERP sistema:	Softver koji je razvilo IT odeljenje na bazi MS Access i neke nepovezane aplikacije u Cobol-u
Iniciranje procesa implementacije (usvajanja) ERP sistema:	Menadžment na čelu sa generalnim direktorom i njegovim savetnicima
Razlog za implementaciju ERP sistema:	Standardizacija sistema, zamena starih softverskih rešenja, unapređenje poslovanja i bolja kontrola
ERP sistem implementiran u organizaciji:	SAP
Implementirani moduli izabranog ERP sistema:	Finansijsko računovodstvo (FI), Kontroling – upravljačko računovodstvo (CO), Upravljanje materijalima i zalihama (MM), Prodaja i distribucija (SD), Upravljanje kadrovima (HR), Planiranje proizvodnje (PP), Održavanje pogona (PM), Upravljanje kvalitetom (QM), Upravljanje i administracija sistema (BC)
Početak implementacije ERP sistema:	2006. godine
Završetak implementacije ERP sistema:	2008. godine
Održavanje i unapređenje ERP sistema:	Svakodnevno zaposleni u IT odeljenju ali i spoljnji saradnici – konsultanti po pozivu što se izbegava zbog dodatnih troškova
Kvaliteti / vrednosti / koristi koje organizacija povezuje sa implementiranim ERP sistemom:	Dobar za kontrolu procesa, izveštavanje, praćenje robe, povezivanje (ukrštanje) podataka iz različitih poslovnih procesa i donošenje kvalitetnijih i pravovremenih odluka, slabiji korisnički interfejs
Uticaji koje organizacija povezuje sa implementiranim ERP sistemom:	Centralizacija podataka, bolja dostupnost drugih odeljenja, promena načina rada i razmišljanje zaposlenih, povećanje ukupne produktivnosti
Aktivnosti koje organizacija čini da poveća pozitivne uticaje ERP sistema:	Redovno obučavanje zaposlenih
Procena kvaliteta / vrednosti / koristi i uticaja implementiranog ERP sistema od strane organizacije:	Nepoznato
Strateška uloga ERP sistema:	Sistem od koga zavisi poslovanje je strateški. Dobro je što se vodi računa i održava samo jedan sistem a ne više nepovezanih aplikacija. Uvedena je standardizacija
Veza ERP sistema i sposobnost organizacije za promenama:	Sistem je u tesnoj vezi sa poslovanjem, ne mogu se posmatrati odvojeno. Treba pažljivo odabrati ERP sistem, najbolje je da sistem pokrije 100% poslovanja
Uloga Enterprise Architecture u implementaciji ERP sistema:	Treba razumeti poslovne procese i staviti ih u neki okvir, prilikom izvođenja velikog IT projekta u šta spada i ERP sistem. Mora postojati IT strategija, koja vodi i upravlja implementaciju ERP sistema

Tabela 19: Ključni odgovori i osnovni podaci o organizaciji C

4.2.4. Izveštaj studije slučaja – Organizacija D

Organizacija D je međunarodna organizacija sa sedištem u Austriji, i na osnovu delatnosti u Srbiji je svrstana u „Sektor G – Prerađivačka industrija; podsektor GJ – Proizvodnja mašina i uređaja" a na osnovu veličine organizacije u „veliko preduzeće" [157]. Organizaciju D su u ovom delu istraživanja predstavljali i odgovarali na pitanja vezana za implementaciju ERP sistema direktor sektora i zaposleni u IT odeljenju. Prva faza implementacije izabranog ERP sistema, ukupno dva modula, je završena 2007. godine. Ključni odgovori prikupljeni putem intervjua su prikazani u tabeli 20.

Oblast rada organizacije / tip poslovanja:	Prerađivačka industrija, proizvodnja mašina i uređaja
Veličina organizacije:	Veliko preduzeće
Radno mesto / pozicija / odeljenje u organizaciji predstavnika organizacije:	Direktor sektora i zaposleni u IT odeljenju
Softver korišćen pre implementacije ERP sistema:	Softversko rešenje koje je razvilo IT odeljenje
Iniciranje procesa usvajanja (implementacije) ERP sistema	Menadžment
Razlog za implementaciju ERP sistema:	U cilju održavanja koraka sa konkurencijom, standardizacija sistema, lakše praćenje finansija u organizaciji, zamena postojećih sistema
ERP sistem implementiran u organizaciji:	SAP
Implementirani moduli izabranog ERP sistema:	Finansijsko računovodstvo (FI), Prodaja i distribucija (SD)
Početak implementacije ERP sistema:	2006. godine
Završetak implementacije ERP sistema:	2007. godine
Održavanje i unapređenje ERP sistema:	Zaposleni u IT odeljenju i stručnjaci iz IT odeljenja centrale
Kvaliteti / vrednosti / koristi koje organizacija povezuje sa implementiranim ERP sistemom:	Zaposleni imaju više administrativnog posla, komplikovan je za upotrebu, nije fleksibilan za promene, zahteva dosta obuke ali je zato dobar za razne analize poslovanja i izveštavanje, pruža važne i uglavnom razumljive podatke
Uticaji koje organizacija povezuje sa implementiranim ERP sistemom:	Ušteda troškova i vremena posebno za individualne poslove i zadatke zaposlenih, centralizacija i lakša vidljivost podataka, poboljšana koordinacija među odeljenjima, omogućava brzo reagovanje na promene
Aktivnosti koje organizacija čini da poveća pozitivne uticaje ERP sistema:	Rade se *cost/benefit* analize
Procena kvaliteta / vrednosti / koristi i uticaja implementiranog ERP sistema od strane organizacije:	Rade se finansijske procene i radionice sa menadžmentom koje organizuje centrala u cilju procene uticaja sistema na različite sektore organizacije
Strateška uloga ERP sistema:	Tehnologija sama o sebi nema stratešku ulogu ali integracijom u poslovanje ERP sistem postaje strateški i od njegove „pravilne" upotrebe zavisi napredak organizacije u celini
Veza ERP sistema i sposobnost organizacije za promenama:	Organizacija mora da se menja da bi napredovala, IT sistemi moraju brzo da se uvode i da pravilno oslikavaju poslovne procese u organizaciji
Uloga *Enterprise Architecture* u implementaciji ERP sistema:	Kao okvir za implementaciju ali i kasnije korišćenje sistema. Predstavlja put ili redosled aktivnosti ka integraciji tehnologije u poslovanje organizacije ili nekog njenog dela

Tabela 20: Ključni odgovori i osnovni podaci o organizaciji D

4.2.5. Izveštaj studije slučaja – Organizacija E

Organizacija E je međunarodna organizacija, prisutna u više od trideset zemalja sveta i na osnovu svoje delatnosti u Srbiji svrstana je u „Sektor G – Prerađivačka industrija; podsektor GG – Prerada drveta i proizvodi od drveta" a na osnovu veličine organizacije u „veliko preduzeće" [157]. Organizaciju E su u ovoj fazi istraživanja predstavljali direktor sektora i menadžer projekta implementacije ERP sistema. Implementacija izabranog ERP sistema, ukupno osam modula, je završena 2002. godine i ključni odgovori su prikazani u tabeli 21.

Oblast rada organizacije / tip poslovanja:	Prerađivačka industrija, prerada drveta i proizvodi od drveta
Veličina organizacije:	Veliko preduzeće
Radno mesto / pozicija / odeljenje u organizaciji predstavnika organizacije:	Direktor sektora i Menadžer projekta implementacije ERP sistema
Softver korišćen pre implementacije ERP sistema:	Lokalno razvijena aplikativna rešenja
Iniciranje procesa usvajanja (implementacije) ERP sistema:	Uprava
Razlog za implementaciju ERP sistema:	Zamena starih IT sistema, zahtev stranih partnera u cilju integracije, unapređenje IS i standardizacija, efektivnije i efikasnije poslovanje, održavanje koraka sa konkurencijom, restrukturiranje organzacije
ERP sistem implementiran u organizaciji:	SAP
Implementirani moduli izabranog ERP sistema:	Finansijsko računovodstvo (FI), Kontroling – upravljačko računovodstvo (CO), Upravljanje materijalima i zalihama (MM), Upravljenje skladištima (WM), Prodaja i distribucija (SD), Planiranje proizvodnje (PP), Održavanje pogona (PM), Upravljanje kadrovima (HR)
Početak implementacije ERP sistema:	2001. godine
Završetak implementacije ERP sistema:	2002. godine
Održavanje i unapređenje ERP sistema:	IT odeljenje kada je u pitanju održavanje, *outsourcing* kada je u pitanju nadogradnja
Kvaliteti / vrednosti / koristi koje organizacija povezuje sa implementiranim ERP sistemom:	On line unos podataka u svim procesima, integracija knjiženja u različitim modulima (FI, CO), planiranje procesa na svim raspoloživim resursima, pouzdan za korisnike, deljenje informacija u okviru organizacije, veće zadovoljstvo i produktivnost zaposlenih
Uticaji koje organizacija povezuje sa implementiranim ERP sistemom:	Promena izvršavanja aktivnosti u procesima i delimična izmena organizacija rada, sistem pomaže organizaciji da bude efektivnija, ušteda troškova i vremena, bolje raspoređivanje resursa, poboljšana koordinacija više različitih odeljenja
Aktivnosti koje organizacija čini da poveća pozitivne uticaje ERP sistema:	Konstantna obuka zaposlenih, usavršavanje menadžmenta
Procena kvaliteta / vrednosti / koristi i uticaja implementiranog ERP sistema od strane organizacije:	Mere i upoređuju rezultati rada po svim organizacionim jedinicama na osnovu plana i očekivanog ostvarenja u toku definisanog perioda
Strateška uloga ERP sistema:	Veliki uticaj na poslovanje
Veza ERP sistema i sposobnost organizacije za promenama:	Organizacija i njeno poslovanje su značajno proenjeni usvajanjem ERP sistema, javljaju se nove uloge u poslovnim procesima i administraciji
Uloga *Enterprise Architecture* u implementaciji ERP sistema:	Nepoznato

Tabela 21: Ključni odgovori i osnovni podaci o organizaciji E

4.2.6. Izveštaj studije slučaja – Organizacija F

Organizacija F je na osnovu svoje primarne delatnosti svrstana u „Sektor Đ – Građevinarstvo" i na osnovu veličine organizacije u „srednje preduzeće" [157]. Implementaciona iskustva organizacije F je predstavio direktor preduzeća. Implementacija izabranog ERP sistema je završena 2004. godine a ključni odgovori su prikazani u tabeli 22.

Oblast rada organizacije / tip poslovanja:	Građevinarstvo
Veličina organizacije:	Srednje preduzeće
Radno mesto / pozicija / odeljenje u organizaciji predstavnika organizacije:	Direktor preduzeća
Softver korišćen pre implementacije ERP sistema:	Aplikativna rešanja razvijena „u kući"
Iniciranje procesa usvajanja (implementacije) ERP sistema:	Menadžment organizacije
Razlog za implementaciju ERP sistema:	Zamena starog aplikativnog rešenja, pod uticajem konkurencije, želja da se unapredi poslovanje i reorganizuje organizacija
ERP sistem implementiran u organizaciji:	IIB, Upis.Net
Implementirani moduli izabranog ERP sistema:	Finansije i ekonomika, zarade, troškovi, robno materijalno knjigovodstvo, osnovna sredstva, radni nalozi, ljudski resursi, nabavka, prodaja, ugovori, održavanje
Početak implementacije ERP sistema:	2003. godine
Završetak implementacije ERP sistema:	2004. godine
Održavanje i unapređenje ERP sistema:	IT odeljenje za održavanje a nadogradnju vrši kompanija koja je uvela sistem, postoje ideje da se pređe na neki drugi ERP sistem koji bi više odgovarao trenutnim potrebama organizacije
Kvaliteti / vrednosti / koristi koje organizacija povezuje sa implementiranim ERP sistemom:	Potpuna kontrola nad troškovima, smanjenje troškova, povećanje efikasnosti procesa, trenutni uvid u stanje poslovanja, lak za upotrebu, ubrzano prikupljanje podataka, nefleksibilan korisnički interfejs, često izaziva nezadovoljstvo kod zaposlenih
Uticaji koje organizacija povezuje sa implementiranim ERP sistemom:	Smanjenje troškova, veća frekvencija izveštavanja, izveštaji u realnom vremenu, poboljšana ukupna produktivnost i kompetitivna prednost, omogućena promena poslovnih procesa
Aktivnosti koje organizacija čini da poveća pozitivne uticaje ERP sistema:	Obuka novih zaposlenih
Procena kvaliteta / vrednosti / koristi i uticaja implementiranog ERP sistema od strane organizacije:	Merenjem efektivnosti rada i sinhronizacije rada između pojedinaca, odeljenja i sektora
Strateška uloga ERP sistema:	Uticaj na poslovanje organizacije ali isto tako uticaj na menadžment i sve zaposlene
Veza ERP sistema i sposobnost organizacije za promenama:	Neki zaposleni su promenili način na koji obavljaju svoj posao ali to je bilo vrlo davno
Uloga *Enterprise Architecture* u implementaciji ERP sistema:	Nepoznato

Tabela 22: Ključni odgovori i osnovni podaci o organizaciji F

4.2.7. Izveštaj studije slučaja – Organizacija G

Organizacija G je na osnovu delatnosti koju obavlja svrstana u „Sektor E – Trgovina na veliko i trgovina na malo" a na osnovu veličine organizacije u „malo preduzeće" [157]. Organizaciju G i iskustva stečena prilikom implementacije i korišćenja izabranog ERP sistema je predstavio menadžer za nabavku i zaposleni u tehničkoj podršci (IT). Implementacija ERP sistema je završena 2008. ali je nastavljana i u 2009. godini a ključni odgovori su prikazani u tabeli 23.

Oblast rada organizacije / tip poslovanja:	Trgovina na veliko i trgovina na malo
Veličina organizacije:	Malo preduzeće
Radno mesto / pozicija / odeljenje u organizaciji predstavnika organizacije:	Menadžer za nabavku i zaposleni u tehničkoj podršci (IT)
Softver korišćen pre implementacije ERP sistema:	Blue-Soft aplikativno rešenje
Iniciranje procesa usvajanja (implementacije) ERP sistema:	Direktor preduzeća
Razlog za implementaciju ERP sistema:	Zamena postoječeg sistema, unapređenje efektivnosti i efikasnosti poslovanja
ERP sistem implementiran u organizaciji:	AB Soft
Implementirani moduli izabranog ERP sistema:	Robno knjigovodstvo, finansijsko knjigovodstvo, poslovi vođenja komercijale, praćenje ugovora i projekata
Početak implementacije ERP sistema:	2008. godine
Završetak implementacije ERP sistema:	2008. godine i nastavljano 2009. godine
Održavanje i unapređenje ERP sistema:	Spoljni saradnik, organizacija koja je implementirala postoječe rešenje
Kvaliteti / vrednosti / koristi koje organizacija povezuje sa implementiranim ERP sistemom:	Širi spektar izveštaja po segmentima poslovanja, brži protok informacija, pouzdanost, lak za korišćenje
Uticaji koje organizacija povezuje sa implementiranim ERP sistemom:	Lakše praćenje finansijskih i i robnih tokova, efikasniji rad, promena u organizaciji rada
Aktivnosti koje organizacija čini da poveća pozitivne uticaje ERP sistema:	Obuka zaposlenih
Procena kvaliteta / vrednosti / koristi i uticaja implementiranog ERP sistema od strane organizacije:	Nepoznato
Strateška uloga ERP sistema:	Utiče na poslovanje
Veza ERP sistema i sposobnost organizacije za promenama:	Implemetirani sistem je prilagođen poslovanju organizacije
Uloga *Enterprise Architecture* u implementaciji ERP sistema:	Nepoznato

Tabela 23: Ključni odgovori i osnovni podaci o organizaciji G

4.2.8. Izveštaj studije slučaja – Organizacija H

Organizacija H je na osnovu delatnosti koju obavlja svrstana u „Sektor E – Trgovina na veliko i trgovina na malo" a na osnovu veličine organizacije u „malo preduzeće" [157]. Odgovore na pitanja i implementaciona iskustva za organizaciju H pružili su direktor organizacije i jedan od vlasnika. Implementacija odabranog ERP sistema je završena 2010. godine, ključni odgovori su prikazani u tabeli 24.

Oblast rada organizacije / tip poslovanja:	Trgovina na veliko i trgovina na malo
Veličina organizacije:	Malo preduzeće
Radno mesto / pozicija / odeljenje u organizaciji predstavnika organizacije:	Direktor preduzeća
Softver korišćen pre implementacije ERP sistema:	Softversko rešenje pribavljeno od spoljnih saradnika
Iniciranje procesa usvajanja (implementacije) ERP sistema:	Medadžment preduzeća
Razlog za implementaciju ERP sistema:	Poboljšanje poslovnih procesa, zamena postojećeg sistema, unapređenje poslovanja, sticanje strateške prednosti
ERP sistem implementiran u organizaciji:	Paneon
Implementirani moduli izabranog ERP sistema:	Finansijsko računovodstvo (FI), Upravljanje materijalima i zalihama (MM), Prodaja i distribucija (SD), Upravljanje kadrovima (HR), Upravljanje odnosima sa klijentima (CRM), Korisnički servis (CS), Upravljanje i administracija sistema (BC)
Početak implementacije ERP sistema:	2010. godine
Završetak implementacije ERP sistema:	2011. godine
Održavanje i unapređenje ERP sistema:	Spoljni saradnik koji je implementirao sistem
Kvaliteti / vrednosti / koristi koje organizacija povezuje sa implementiranim ERP sistemom:	Lak za upotrebu, omogućuje bolju produktivnost zaposlenih, veće zadovoljstvo korisnika, veb orijentisan, efikasan i funkcioanaln
Uticaji koje organizacija povezuje sa implementiranim ERP sistemom:	Bolja pretraga, povećana efikasnost i efektivnost, preglednost resursa
Aktivnosti koje organizacija čini da poveća pozitivne uticaje ERP sistema:	Redovno održavanje sistema, obuka zaposlenih
Procena kvaliteta / vrednosti / koristi i uticaja implementiranog ERP sistema od strane organizacije:	Nije bilo procene uticaja implementiranog ERP sistema
Strateška uloga ERP sistema:	Omogućava menadžmentu bolji uvid u stvarno stanje poslovanja
Veza ERP sistema i sposobnost organizacije za promenama:	Implementirani sistem i organizacija su u tesnoj vezi, poslovanje je potpuno pokriveno sistemom, što je dovelo do razvoja i napretka
Uloga *Enterprise Architecture* u implementaciji ERP sistema:	Nepoznato

Tabela 24: Ključni odgovori i osnovni podaci o organizaciji I

Istraživanje implementacionih iskustava izabranih organizacija u Srbiji i tema u vezi sa korišćenjem, održavanjem i nadogradnjom njihovih usvojenih ERP sistema je pokazalo da ne postoji ustaljena praksa procene uspeha, odnosno efektivnosti implementiranih ERP sistema i njihovog uticaja na zaposlene, delove organizacije i organizaciju u celini. Isto tako, ne postoji sistemski pristup u sprovođenju aktivnosti kojima bi organizacije mogle da povećaju pozitivne uticaje ERP sistema na zaposlene i organizaciju koja ga je usvojila.

4.3. Prototip integrisanog softverskog rešenja za planiranje proizvodnje i pripremu procesa rada

Razvijeni prototip aplikacije za planiranje proizvodnje i pripremu procesa rada se sastoji od više modula tipa ekranskih formi grupisanih u kategorije: administracija, operativni plan, proizvodni nalog, resursi, postupak rada, sastavnica i upravljanje zalihama a koji su međusobno povezani meni modulom. Meni modul se sastoji od osnovnih podmenija sa sopstvenim strukturama i služi za navigaciju u okviru prototipa razvijene aplikacije.

Navigacija između različitih ekranskih formi kod kojih je veličina prozora nepromenjiva i ista za sve ekranske forme osim za ekransku formu putem koje se vrši prijava na sistem, se obavlja putem osnovnog menija prototipa razvijene aplikacije, pri čemu je objekte menija moguće klasifikovati na:

- meni objekte,
- objekte za pozivanje ekranskih formi,
- objekte za pokretanje izveštaja i
- objekte za izvršavanje operacija unutar samih ekranskih formi.

Dostupnost objekata tipa meni i objekata za pozivanje ekranskih formi je definisana na osnovu prava pristupa korisničkih naloga pojedinim delovima prototipa aplikacije za planiranje proizvodnje i pripremu procesa rada. Određenim objektima menija je omogućen pristup bez ograničenja, putem kojih se sprovode aktivnosti: izvršavanje osnovnih tekstualnih operacija (*cut, copy, paste, clear*), brisanje svih podataka ekranske forme, odjava sa sistema i poziv ekranske forme za pregled osnovnih informacija ostvarene konekcije. Sve pomenute operacije, izuzev poziva ekranske forme za pregled osnovnih informacija ostvarene konekcije, je moguće izvršiti i posredstvom ikoničnih dugmadi menija. Mogućnost pristupa stavkama menija kojima se pokreću izveštaji zavisi od trenutno aktivne ekranske forme i njenog trenutnog sadržaja. Deo strukture osnovnog menija prototipa aplikacije za upravljanje procesom planiranja proizvodnje i pripreme procesa rada je prikazana na slici **22**.

Slika 22: Struktura menija aplikacije za planiranje proizvodnje i pripremu procesa rada

Operacije koje iniciraju napuštanje ili brisanje podataka, obuhvataju i prethodnu proveru unešenih podataka. Ukoliko postoje nesačuvani podaci, od korisnika se zahteva da izvrši potvrdu sprovođenja zahtevane operacije. Potvrda je neophodna i prilikom aktivnosti odjave sa sistema i napuštanja prototipa aplikacije, bez obzira na stanje trenutno aktivne ekranske forme.

4.3.1. Administracija

Administrativni deo razvijenog prototipa softverskog rešenja obuhvata mehanizme za vođenje evidencija/kataloga korisničkih naloga, tipova skladišta i skladišta, poslovnih partnera i organizacionih jedinica.

4.3.1.1. Korisnički nalozi

Administracija, odnosno upravljanje korisničkim nalozima obezbeđuje evidentiranje novozaposlenih radnika, pregled i modifikaciju podataka o zaposlenim radnicima i određivanje prava pristupa delovima razvijenog softverskog rešenja. Ekranska forma za administraciju, odnosno upravljanje korisničkim nalozima je prikazana na slici **23**.

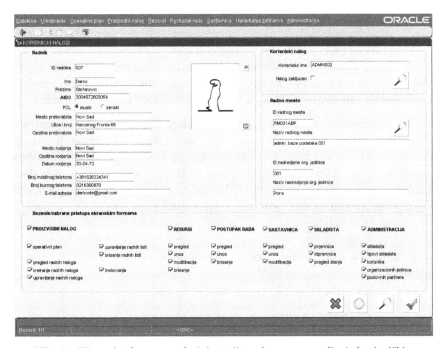

Slika 23: Ekranska forma za administraciju, odnosno upravljanje korisničkim nalozima

Postupak evidentiranja novog radnika započinje unosom osnovnih podataka o radniku. Nakon toga se definišu korisnički nalog i status naloga kojim se određuje pravo pristupa kreiranog naloga na nivou cele aplikacije. Takođe, za svakog novog radnika se vrši raspoređivanje na radno mesto. Selekcija radnog mesta obezbeđuje i prikaz nadređene organizacione jedinice. Na kraju se za kreirani korisnički nalog tj. radnika određuju prava pristupa delovima razvijenog softverskog rešenja, odnosno pojedinim ekranskim formama.

Selekcijom postojećeg korisničkog naloga omogućeni su pregled i modifikacija, kao i brisanje samog korisničkog naloga. Modifikacija omogućava promenu osnovnih podataka o radniku, raspoređivanje radnika na drugo radno mesto, promenu statusa korisničkog naloga i definisanje drugačijih prava pristupa ekranskim formama. Brisanje korisničkog naloga se sprovodi pokretanjem operacije brisanja putem ikoničnog dugmeta koje postaje dostupno nakon selekcije željenog korisničkog naloga. Operacija brisanja zahteva korisničku potvrdu.

4.3.1.2. Tipovi skladišta i skladišta

Administracija, odnosno upravljanje tipovima skladišta i evidencijom/registrom skladišta je obezbeđeno putem ekranskih formi prikazanih na slikama **24** i **25** koje omogućavaju korisnicima unos, pregled, modifikaciju i brisanje podataka o tipovima skladišta i samim skladištima.

Tip skladišta se određuje na osnovu identifikacione oznake, naziva i definisanja tipova resursa dozvoljenih za skladištenje. Najmanje jedan tip resursa mora biti dozvoljen za skladištenje za svaki od definisanih tipova skladišta. Isto tako, za svako novo skladište moraju biti određeni identifikaciona oznaka, naziv, tip skladišta sa stanovišta njegovog fizičkog postojanja, organizaciona jedinica i tip skladišta sa stanovišta mogućih tipova resursa koji se skladište. Organizaciona jedinica i tip skladišta sa stanovišta mogućih tipova resursa koji se skladište se određuju na osnovu liste izbora a određivanje fizičkog postojanja skladišta se vrši putem padajuće liste.

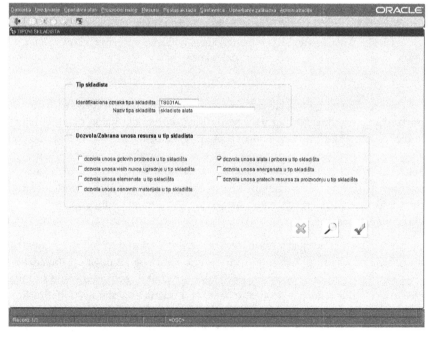

Slika 24: Ekranska forma za administraciju, odnosno upravljanje tipovima skladišta

Postupak modifikacije i brisanja podataka postojećeg tipa skladišta i/ili samog skladišta zahteva prethodnu selekciju kojom se praktično obezbeđuje i pregled osnovnih podataka izabranog tipa skladišta. Nakon selekcije željenog tipa skladišta ili samog skladišta, vrši se zaključavanje identifikacione oznake i proverava mogućnost brisanja. Tipovi skladišta koji određuju najmanje jedno skladište nisu dozvoljeni za brisanje. Na sličan način, omogućeno je brisanje samo skladišta koja nemaju resurse na stanju. U oba slučaja, neophodna je i potvrda korisnika prototipa aplikacije za sprovođenje operacije brisanja.

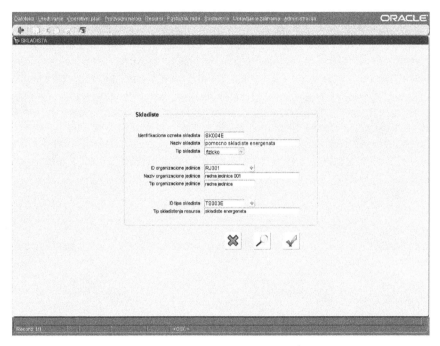

Slika 25: Ekranska forma za vođenje evidencije/registra skladišta

4.3.1.3. Organizacione jedinice

Administracija, odnosno upravljanje organizacionim jedinicama obuhvata evidentiranje (kreiranje), modifikaciju i brisanje organizacionih jedinica i organizacione strukture. Sprovodi se putem ekranske forme za administraciju, odnosno upravljanje organizacionim jedinicama koja je prikazana na slici **26**.

Prilikom kreiranja organizacione jedinice određuje se identifikaciona oznaka, naziv i tip organizacione jedinice koji može biti radna jednica, radna grupa ili radno mesto. Poseban tip organizacione jedinice, koji nije moguće definisati putem ekranske forme, predstavlja proizvodni sistem. Proizvodni sistem se u okviru razvijenog prototipa softverskog rešenja kreira direktnim pristupom bazi podataka i predstavlja koren organizacione hijerarhije. Tip organizacione jedinice se na ekranskoj formi određuje putem liste ponuđenih vrednosti.

Pored toga, određuje se i nadređena organizaciona jedinica iz ponuđene liste vrednosti. Lista vrednosti se formira u zavisnosti od tipa organizacione jedinice koja se kreira. Za radnu jedinicu se kao nadređen automatski postavlja proizvodni sistem, za radnu grupu se formira lista sačinjena od svih postojećih radnih jedinica proizvodnog sistema, dok za radno mesto nadređena organizaciona jedinica može biti bilo koja organizaciona jedinica koja nije tipa radno mesto. U skladu sa navedenim pravilima, omogućena je i promena nadređene organizacione jedinice, za prethodno selektovanu organizacionu jedinicu. Za proizvodni sistem ne postoji nadređena organizaciona jedinica, pa stoga dodeljivanje iste nije ni moguće. Takođe, postoji mogućnost promene naziva organizacione jedinice, dok identifikaciona oznaka i tip nisu podložni promenama. Selekcija postojeće organizacione jedinice obuhvata i proveru mogućnosti njenog brisanja, na osnovu čega se dozvoljava, odnosno zabranjuje pristup opciji (ikonično dugme) za pokretanje operacije brisanja.

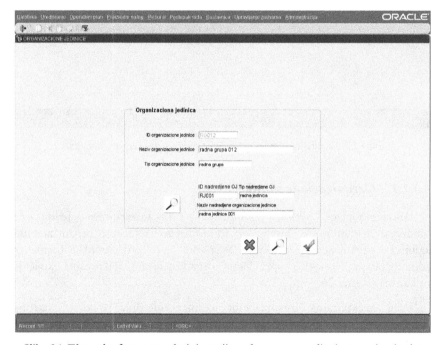

Slika 26: Ekranska forma za administraciju, odnosno upravljanje organizacionim jedinicama

4.3.1.4. *Poslovni partneri*

Administracija, odnosno upravljanje poslovnim partnerima u okviru razvijenog prototipa softverskog rešenja obuhvata vođenje evidencije/kataloga o saradnicima (partnerima) i ostvarenim tipovima saradnje. Ekranska forma putem koje se obavljaju ove aktivnosti je prikazana na slici **27**.

Pri kreiranju novog poslovnog partnera pored definisanja identifikacionog obeležja neophodno je i određivanje njegovog tipa, koji može biti pravno ili fizičko lice, na osnovu čega se vrši prikaz odgovarajućih polja ekranske forme za unos podataka. Za selektovani tip poslovnog partnera vrši se unos njegovih osnovnih podataka i određuju tipovi saradnje. Za fizičko lice jedini mogući tip saradnje je akcionar, dok za pravno lice tip saradnje može biti kupac, kooperant, dobavljač i poslovna banka, pri čemu svaki poslovni partner mora imati definisan najmanje jedan vid saradnje.

Selekcijom postojećeg poslovnog partnera omogućeni su modifikacija i/ili brisanje podataka o njemu. Pri čemu, identifikaciona oznaka i tip poslovnog partnera nisu podložni izmeni. Za poslovne partnere tipa pravno lice, nije dozvoljeno ukidanje prethodno uspostavljenog tipa saradnje i samim tim nije dozvoljeno brisanje poslovnog partnera.

Kreiranje, promena, brisanje poslovnog partnera, kao i provera uslova pod kojim je moguće obrisati poslovnog partnera su realizovani na standardan, prethodno više puta opisan način.

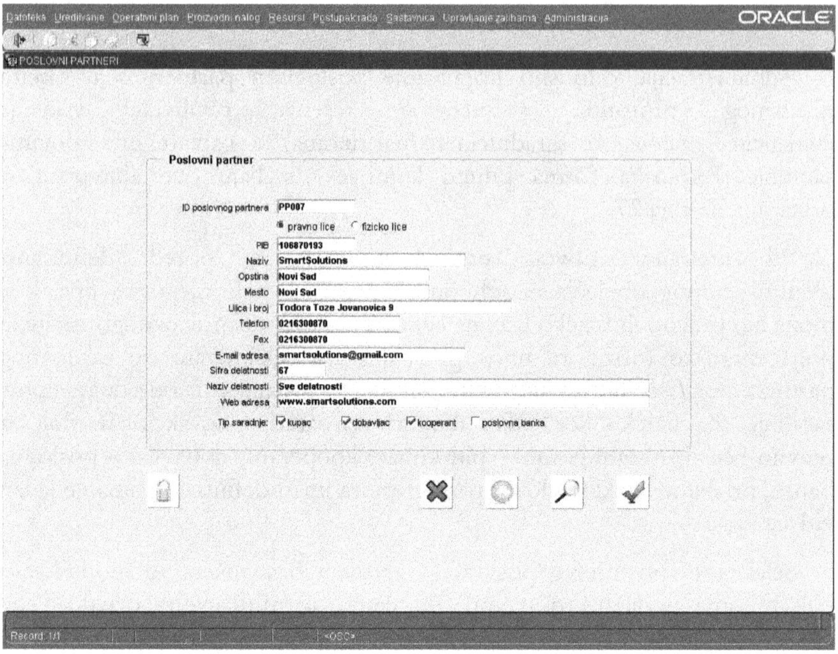

STEFANOVIĆ, SLADOJEVIĆ

Slika 27: Ekranska forma za upravljanje poslovnim partnerima

4.3.2. Operativni plan

Operativni plan se utvrđuje za određeni vremenski period na osnovu raspoloživosti resursa radnih sistema i okoline, odnosno kapaciteta, materijala, alata, energetskih resursa, učesnika u procesu rada i novčanih sredstava kao resursa. Dinamika karaktera okoline, poremećaji u procesima rada, kašnjenja isporuka, organizacioni i drugi uticaji uslovljavaju potrebu podešavanja operativnih planova.

U okviru razvijenog prototipa softverskog rešenja za planiranje proizvodnje i pripremu procesa rada ekranska forma za rad sa operativnim planovima, obuhvata operacije kreiranja novog operativnog plana, kao i pregled, modifikaciju i brisanje postojećih operativnih planova. Na slici **28** prikazana je opisana ekranska forma za rad sa operativnim planovima.

Operacija kreiranja operativnog plana obuhvata, aktivnosti unosa podataka (identifikacione oznake, datuma početka i završetka operativnog plana i najmanje jedne stavke operativnog plana), validaciju unešenih vrednosti i potvrdu uspeha operacije. Pregled, modifikacija i brisanje, zahtevaju prethodnu selekciju postojećeg operativnog plana. Nakon

84

selekcije željenog operativnog plana omogućava se: modifikacija datuma početka i završetka operativnog plana, modifikacija količina navedenih resursa, definisanje novih stavki i označavanje postojaćih stavki operativnog plana za brisanje. Operacija brisanja je dozvoljena samo za stavke operativnog plana koji ne učestvuju u pojavama drugih tipova entiteta, npr. omogućeno je brisanje onih stavki za koje ne postoje definisani radni nalozi. U slučaju brisanja svih stavki operativnog plana, i sam operativni plan će biti obrisan.

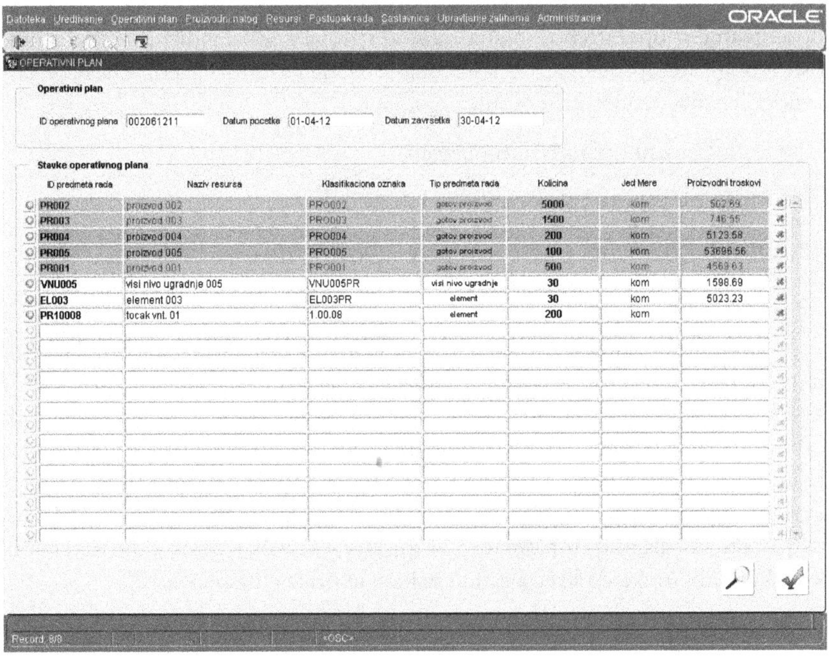

Slika 28: Ekranska forma za rad sa operativnim planovima

4.3.3. Proizvodni nalog

Cilj postupaka oblikovanja proizvodnih naloga je da se pruže podloge učesnicima u procesu rada za izvođenje postupaka promene stanja i omogući kontrola tokova u sistemu. Ulazne informacije čine elementi plana proizvodnje a izvršilac je struktura nad skupom radnih mesta u okviru koje se obavljaju poslovi pripreme procesa rada u okviru postupaka planiranja proizvodnje.

U okviru prototipa softverskog rešenja za planiranje proizvodnje i pripremu procesa rada razvijene su ekranske forme kojima se obezbeđuje podrška korisnicima za rad u domenu radnih naloga, radnih lista i trebovanja.

4.3.3.1. Radni nalog – kreiranje radnih naloga

Cilj radnog naloga je pružanje podloga za izradu ili montažu dela, proizvoda i analizu utrošaka i troškova ostvarenih u procesu rada, nakon završetka procesa izrade ili montaže dela, odnosno proizvoda.

Ekranska forma za kreiranje radnih naloga obezbeđuje postupak objedinjenog kreiranja potrebnih radnih naloga. Postupak započinje određivanjem operativnog plana radnog naloga i selekcijom predmeta rada osnovnog radnog naloga. Omogućena je selekcija samo predmeta rada koji zadovoljavaju sledeće kriterijume:

- definisani su operativnim planom,

- imaju oblikovan postupak rada i

- imaju oblikovanu sastavnicu ili su tipa osnovni materijal.

Nakon definisanja ovih parametara, vrši se automatizovano oblikovanje hijerarhijske strukture master radnog naloga na osnovu strukturne sastavnice selektovanog predmeta rada. Za svaki podređeni predmet rada određuje se po jedan radni nalog, definiše se njegov status i potrebne količine. Za predmete rada bez oblikovanog postupka rada nije moguće kreirati radni nalog. U tom kontekstu, ekranska forma služi za pregled nedostajućih ulaznih informacija. Opisana ekranska forma posredstvom koje korisnik može da kreira radne naloge je prikazana na slici **29**.

Količine za svaki predmet rada se određuju po utvrđenom postupku. Za osnovni predmet rada, određuje se razlika između količina definisah operativnim planom i količina unešenih na prethodno kreiranim radnim nalozima za posmatrani osnovni predmet rada. Na osnovu ustanovljene razlike i količinske sastavnice utvrđuje se količina za svaki podređeni predmet rada. Postavljanje drugih vrednosti količina se obezbeđuje unosom tih vrednosti u polje "Količina za radni nalog". Takođe, moguća je i modifikacija količina za svaki radni nalog posebno.

Za svaki radni nalog je potrebno uneti identifikacionu oznaku, planirani datum početka i završetka, kao i identifikacionu oznaku odgovorne organizacione jedinice ili poslovnog partnera. Na nivou ekranske forme, moguće je odrediti i kupca za kojeg se predmet rada master radnog naloga proizvodi. Pre kreiranja radnih naloga, vrši se verifikacija unetih vrednosti i zahteva potvrda unosa. Pored toga, korisniku se prikazuje poruka upozorenja, sa opcijom prekida operacije, u slučaju vremenskih prekoračenja zadatih operativnim planom.

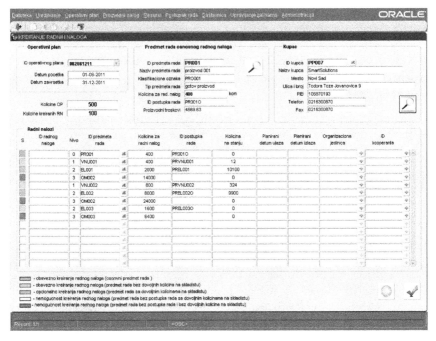

Slika 29: Ekranska forma za kreiranje radnih naloga

Radne naloge je moguće ukloniti sa liste, pri čemu je za predmete rada sa oblikovanim postupkom rada neophodna potvrda uklanjanja. Operacija uklanjanja povećava nivo u hijerarhiji direktno podređenih predmeta rada za jedan tj., vrši povezivanje podređene strukture sa direktno nadređenim predmetom rada.

4.3.3.2. Radni nalog – upravljanje radnim nalozima

Upravljanje radnim nalozima obuhvata operacije unosa, modifikacije i brisanja podataka na nivou pojedinačnog radnog naloga. Na osnovu selektovanog operativnog plana vrši se izlistavanje svih njemu pripadajućih radnih naloga, bez obzira na status i nivo u strukturi (vidi sliku **30**). Postupak unosa, modifikacije i brisanja, kao i određivanja statusa radnog naloga, se odvija na isti način kao kod ekranske forme za upravljanje operativnim planovima.

Za svaki postojeći radni nalog omogućena je promena količina predmeta rada, datuma početka i završetka, odgovorne organizacione jedinice, odnosno kooperanta i kupca, dok identifikacione oznake, za svaki posmatrani i njemu nadređeni radni nalog, nisu podložne promenama. Takođe, svaki radni nalog je moguće obrisati ukoliko:

• nema ni jedan podređeni radni nalog u svojoj strukturi i

• nije prethodno oblikovan tj., nema oblikovane pripadajuće radne liste i trebovanja.

Ekranska forma omogućava i oblikovanje hijerarhijske strukture, unošenjem novih radnih naloga i njhovim međusobnim povezivanjem, putem zadavanja identifikacione oznake nadređenog radnog naloga. Formiranje hijerarhijske strukture zahteva da identifikaciona oznaka nadređenog radnog naloga bude prethodno sadržana u listi, i da pri tome posmatrani nadređeni radni nalog nije selektovan za brisanje.

Oblikovanje novih radnih naloga je omogućeno za svaki resurs tipa predmet rada, bez obzira da li je on definisan operativnim planom ili nije, koji ima najmanje jedan postupak rada, kao i definisanu sastavnicu. Postojanje sastavnice je neophodno za svaki predmet rada koji nije tipa osnovni materijal. Kod svih promena prethodno se vrši validacija unešenih vrednosti i zahteva potvrda korisnika aplikacije.

Navedene funkcionalnosti ekranske forme omogućavaju modifikaciju i brisanje prethodno definisanih radnih naloga, uvid u sve radne naloge operativnog plana, kao i oblikovanje pojedinačnih radnih naloga, sa ciljem korekcije grešaka nastalih kao posledica neadekvatnog postupka oblikovanja radnih naloga i poremećaja u sistemu i okolini.

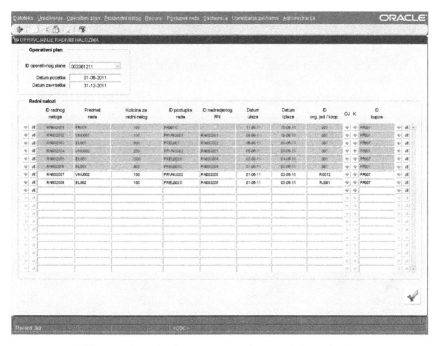

Slika 30: Ekranska forma za upravljanje radnim nalozima

4.3.3.3. Radni nalog – pregled radnih naloga

Ekranska forma za pregled radnih naloga (vidi sliku **31**) omogućava pregled niza informacija dobijenih na osnovu jednog selektovanog radnog naloga izabranog operativnog plana. Postupak selekcije obezbeđuje uvid u osnovne podatke radnog naloga, na osnovu kojih se vrši automatizovano oblikovanje pregleda po tabovima ekranske forme. U ove preglede spadaju:

- pregled strukture predmeta rada selektovanog radnog naloga, uključujući i prikaz potrebnih količina i količina na stanju skladišta za svaki podređeni predmet rada,

- pregled podređenih radnih naloga, odnosno pregled strukture osnovnog radnog naloga u vidu liste,

- pregled pripadajućih radnih listi, za celokupnu strukturu osnovnog radnog naloga,

- pregled trebovanja:

- po radnim listama, za celokupnu strukturu osnovnog radnog naloga i

- po jednoj, selektovanoj radnoj listi.

Iako ekranska forma služi za pregled, pristup određenim poljima je omogućen, u cilju olakšane navigacije, pri čemu modifikacija, brisanje ili unos novih vrednosti nisu dozvoljeni.

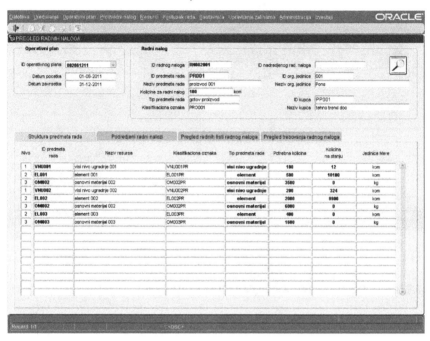

Slika 31: Ekranska forma za pregled radnih naloga

Za svaki pregled, izuzev pregleda strukture predmeta rada, je moguće kreirati izveštaj u html, css ili pdf formatu ili pokrenuti operaciju štampanja izveštaja. Izgled izveštaja za pregled trebovanih i raspoloživih količina (količine na stanju) resursa na osnovu trebovanja radne liste je prikazan na slici **32**.

Pregled trebovanja radne liste

ID RADNOG NALOGA:	RN001002				
ID RADNE LISTE:	RL00100201				
ID trebovanja	ID resursa	Naziv resursa	Trebovana kolicina	Kolicina na stanju	JM
TR00100201	PR10001	kuciste vnt. 01	50	80	kom
TR00100202	PR10003	ventil vnt. 01	50	0	kom
TR00100203	PR10004	vreteno vnt. 01	50	0	kom
TR00100204	PR10005	gornji deo vnt. 01	50	0	kom
TR00100205	PR10007	zaptivnik vnt. 01	50	0	kom
TR00100206	PR10008	tocak vnt. 01	50	0	kom
Broj trebovanja radne liste:	6				

Slika 32: Izveštaj – pregled trebovanja radne liste

4.3.3.4. Radna lista

Cilj radne liste je obezbeđenje podloga za izvođenje procesa promene stanja, utvrđivanje kvaliteta obrade i provera vremenskih standarda.

Upravljanje radnim listama obuhvata skup operacija za kreiranje, modifikaciju i pregled radnih listi. Sve navedene operacije zahtevaju prethodnu selekciju radnog naloga. Postupak selekcije može biti zasnovan na osnovu više kriterijuma, i uključuje izbor jednog radnog naloga sa liste:

- neoblikovanih radnih naloga (radni nalozi koji imaju najmanje jednu operaciju rada, za koju ne postoji definisana radna lista) selektovanog operativnog plana,

- neoblikovanih radnih naloga svih operativnih planova,

- oblikovanih radnih naloga selektovanog operativnog plana ili

- oblikovanih radnih naloga svih operativnih planova.

Dodatno sažimanje (filtriranje) prikaza se primenjuje ukoliko je selektovana i identifikaciona oznaka operativnog plana. Izgled ekranske forme za upravljanje radnim listama je prikazan na slici **33**.

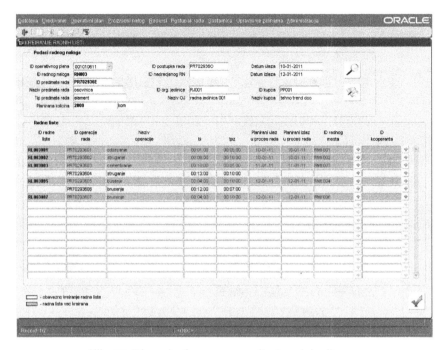

Slika 33: Ekranska forma za upravljanje radnim listama

Oblikovanje radnog naloga tj. definisanje njemu pripadajućih radnih listi, se sprovodi na osnovu postupka rada pridruženog radnom nalogu. Za svaku operaciju rada, postupka rada, formira se po jedna stavka za unos. Nakon toga potrebno je odrediti identifikacionu oznaku radne liste, planirani datum početka i završetka, i radno mesto sprovođenja operacije ili identifikacionu oznaku kooperanta u slučaju kooperacije. Unos promena, bez obzira da li je reč o kreiranju novih ili modifikaciji vrednosti postojećih radnih listi, obuhvata prethodnu verifikaciju vrednosti i potvrdu unosa.

Brisanje radnih listi se sprovodi putem ekranske forme prikazane na slici **34**. Na osnovu selektovanog radnog naloga vrši se izlistavanje svih njemu pripadajućih radnih listi koje su podložne brisanju. Operacija brisanja nije omogućena za radne liste za koje postoji najmanje jedno oblikovano trebovanje. Pored toga, moguće je selektovati samo radne naloge sa najmanje jednom radnom listom za koju ne postoji nijedno oblikovano trebovanje.

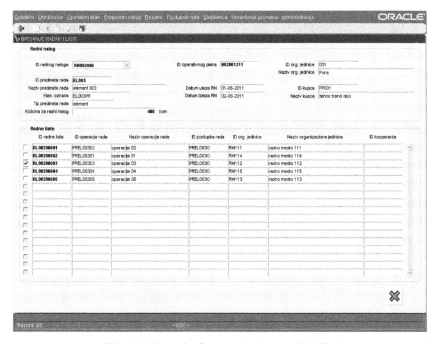

Slika 34: Ekranska forma za brisanje radnih listi

4.3.3.5. Trebovanje

Ekranska forma trebovanja, prikazana na slici **35**, uključuje operacije kreiranja, pregleda i brisanja trebovanja, kao i modifikaciju trebovanih količina. Postupak kreiranja započinje definisanjem radne liste za koju se trebovanje kreira, na osnovu:

- liste izbora sačinjene od svih postojećih radnih listi ili
- liste izbora sačinjene od radnih listi koje pripadaju selektovanom radnom nalogu.

Nakon toga, vrši se izbor resursa trebovanja, za koji se prethodno unose identifikaciona oznaka, tip i količine. Svako trebovanje, pored navedenih podataka, ima automatski dodeljen datum od strane operativnog sistema koji nije podložan izmenama od strane korisnika.

Postupak selekcije postojećeg trebovanja omogućava modifikaciju i brisanje selektovanog trebovanja, kao i pregled istog. Selekcija se vrši putem izbora liste vrednosti sačinjene od:

- svih postojećih trebovanja,
- trebovanja selektovanog radnog naloga ili
- trebovanja selektovane radne liste,

nakon čega je omogućena operacija brisanja. Količina resursa predstavlja jedinu vrednost koja je podložna modifikaciji.

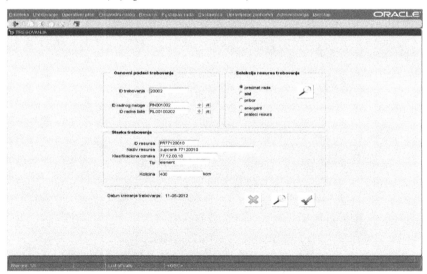

Slika 35: Ekranska forma trebovanja

Pored operacija za manipulaciju trebovanjima, putem iste ekranske forme, posredstvom stavke menija "Izveštaji", moguće je pokrenuti nekoliko izveštaja za:

- pregled trebovanja radnog naloga,
- pregled trebovanja radne liste,
- pregled trebovanih resursa po modularnoj sastavnici predmeta rada radnog naloga i
- pregled trebovanih resursa radne liste po modularnoj sastavnici predmeta rada radnog naloga.

Izveštaji za pregled resursa uključuju i pregled trebovanih i zbirnih količina na stanju za svaki resurs koji je predmet izveštaja. Dostupnost izveštaja, kao i u ostalim slučajevima zavisi od trenutnih parametara ekranske forme. Izgled jednog izveštaja za pregled trebovanja radnog naloga je prikazan na slici **36**.

Pregled trebovanja radnog naloga

ID radnog naloga:	RN001002						
ID radne liste:	RL00100201						
ID trebovanja	ID resursa	naziv resursa	tip	podtip	trebovana količina	jedinica mere
TR00100204	PR10005	gornji deo vnt. 01	predmet rada	element	50	kom
TR00100201	PR10001	kuciste vnt. 01	predmet rada	element	50	kom
TR00100206	PR10008	tocak vnt. 01	predmet rada	element	50	kom
TR00100202	PR10003	ventil vnt. 01	predmet rada	element	50	kom
TR00100203	PR10004	vreteno vnt. 01	predmet rada	element	50	kom
TR00100205	PR10007	zaptivnik vnt. 01	predmet rada	element	50	kom
Broj trebovanja po radnoj listi:		**6**				
Broj trebovanja po radnom nalogu: 6						

Slika 36: Izveštaj – pregled trebovanja radnog naloga

4.3.4. Resursi

Prototip aplikacije za planiranje proizvodnje i pripremu procesa rada obezbeđuje ekranske forme kojima su omogućene aktivnosti korisnika vezane za unos, pregled, modifikaciju i brisanje resursa.

Postupak unosa novog resursa obuhvata dodeljivanje vrednosti svim atributima resursa koji su obavezni za unos, kao što su identifikaciona oznaka, tip, naziv i jedinica mere resursa. Pored osnovnih podataka resursa moguće je odrediti i klasifikacionu oznaku i vrednost, odnosno cenu resursa, dok je za predmete rada moguće uneti i proizvodne troškove. Izgled opisane ekranske forme je prikazan na slici **37**.

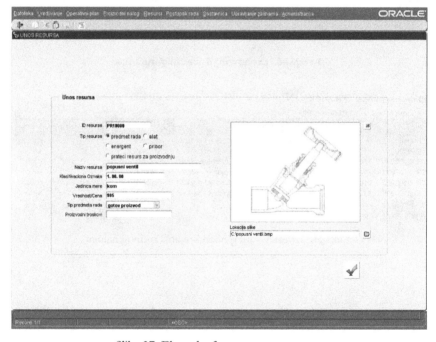

Slika 37: Ekranska forma za unos resursa

Pregled postojećih resursa je omogućen putem ekranske forme za pregled resursa (vidi sliku **38**), u okviru koje se nakon njenog pokretanja vrši automatizovan postupak izlistavanja svih postojećih resursa. Podtip resursa se prikazuje samo za resurse koji su tipa predmet rada ili prateći resurs, dok se proizvodni troškovi, ukoliko postoje, prikazuju samo za predmete rada.

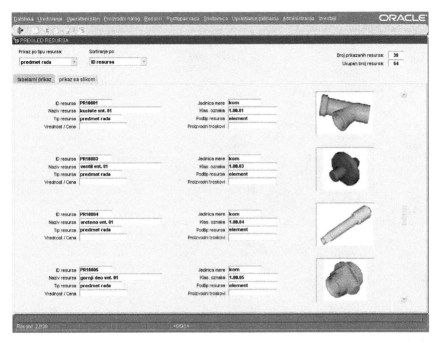

Slika 38: Ekranska forma za pregled resursa – prikaz sa slikom

Pregled resursa može biti tabelarano prikazan ili kao prikaz sa slikom. Ekranska forma omogućava i filtriranje prikaza po tipu, kao i mogućnost sortiranja rezultata na osnovu određenih obeležja resursa. Ove funkcionalnosti se obezbeđuju putem padajućih listi. Unos, modifikacija i brisanje resursa, putem ekranske forme za pregled resursa nije omogućena, dok je kreiranje izveštaja omogućeno i može obuhvatiti prikaz resursa po tipu ili prikaz svih postojećih resursa. Na slici **39** prikazan je izgled izveštaja za pregled resursa.

Pregled resursa

ID resursa	Naziv	Klas. oznaka	Jed. mere	Tip	Podtip
EL001	element 001	EL001PR	kom	predmet rada	element
EL002	element 002	EL002PR	kom	predmet rada	element
EL003	element 003	EL003PR	kom	predmet rada	element
EL004	element 004	EL004PR	kom	predmet rada	element
EL005	element 005	EL005PR	kom	predmet rada	element
OM001	osnovni materijal 001	OM001PR	kg	predmet rada	osnovni materijal
OM002	osnovni materijal 002	OM002PR	kg	predmet rada	osnovni materijal
OM003	osnovni materijal 003	OM003PR	kg	predmet rada	osnovni materijal
OM004	osnovni materijal 004	OM004PR	kg	predmet rada	osnovni materijal
OM005	osnovni materijal 005	OM005PR	kg	predmet rada	osnovni materijal
PR001	proizvod 001	PRO001	kom	predmet rada	gotov proizvod
PR001OM	celicna sipka f30	c.5421	kg	predmet rada	osnovni materijal
PR002	proizvod 002	PRO002	kom	predmet rada	gotov proizvod
PR003	proizvod 003	PRO003	kom	predmet rada	gotov proizvod
PR004	proizvod 004	PRO004	kom	predmet rada	gotov proizvod
PR005	proizvod 005	PRO005	kom	predmet rada	gotov proizvod
PR006	proizvod 006	PRO006	kom	predmet rada	gotov proizvod
PR007	proizvod 007	PRO007	kom	predmet rada	gotov proizvod
PR008	proizvod 008	PRO008	kom	predmet rada	gotov proizvod
PR009	proizvod 009	PRO009	kom	predmet rada	gotov proizvod
PR10000	popusni ventil 01	1. 00. 00	kom	predmet rada	gotov proizvod
PR10001	kuciste vnt. 01	1.00.01	kom	predmet rada	element
PR10003	ventil vnt. 01	1.00.03	kom	predmet rada	element
PR10004	vreteno vnt. 01	1.00.04	kom	predmet rada	element
PR10005	gornji deo vnt. 01	1.00.05	kom	predmet rada	element
PR10007	zaptivnik vnt. 01	1.00.07	kom	predmet rada	element
PR10008	tocak vnt. 01	1.00.08	kom	predmet rada	element
PR25625	zupcanik	25625	kom	predmet rada	element
PR700375E	bolzen	700375	kom	predmet rada	element
PR700961E	osovinica	700961	kom	predmet rada	element
PR701805E	bolzen	701805	kom	predmet rada	element
PR702076E	bolzen	702076	kom	predmet rada	element
PR702936E	osovinica	702936	kom	predmet rada	element
PR77120010	zupcanik 77120010	77.12.00.10	kom	predmet rada	element
VNU001	visi nivo ugradnje 001	VNU001PR	kom	predmet rada	visi nivo ugradnje
VNU002	visi nivo ugradnje 002	VNU002PR	kom	predmet rada	visi nivo ugradnje
VNU003	visi nivo ugradnje 003	VNU003PR	kom	predmet rada	visi nivo ugradnje
VNU004	visi nivo ugradnje 004	VNU004PR	kom	predmet rada	visi nivo ugradnje
VNU005	visi nivo ugradnje 005	VNU005PR	kom	predmet rada	visi nivo ugradnje
Broj resursa:	**39**				

Slika 39: Izveštaj – pregled resursa

Postupak modifikacije podataka o resursu se sprovodi na osnovu prethodne selekcije resursa. Promena identifikacione oznake, tipa resursa, kao i podtipa u slučaju predmeta rada nije moguća. Izgled opisane ekranske forme je prikazan na slici **40**.

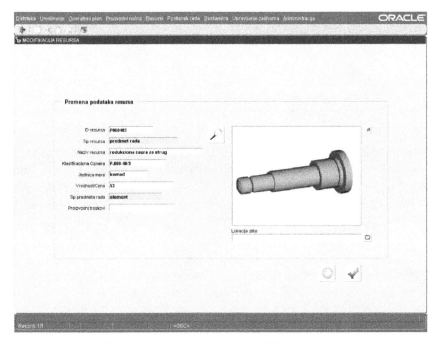

Slika 40: Ekranska forma za modifikaciju resursa

Ekranska forma koja omogućava brisanje resursa je strukturirana kao i forma za pregled resursa sa nekoliko razlika. Nakon pokretanja ekranske forme vrši se prikaz svih resursa, pri čemu se za svaki prikazan resurs vrši provera mogućnosti brisanja. Resursi koji svojom pojavom učestvuju u nekim drugim pojavama, nisu dozvoljeni za brisanje i na ekranskoj formi se posebno označavaju narandžastom bojom.

Sam postupak brisanja se sprovodi na isti način kao i kod ekranske forme za brisanje radnih listi, što uključuje selekciju resursa za brisanje, pokretanje operacije brisanja i potvrde sprovođenja operacije. Selekcija najmanje jednog resursa predstavlja preduslov pokretanja operacije brisanja. Ostale funkcionalnosti i ograničenja ekranske forme su realizovani na isti način kao kod ekranske forme za pregled resursa, sa izuzetkom mogućnosti pokretanja izveštaja. Iz tog razloga opisana ekranska forma nije na ovom mestu prikazana.

4.3.5. Postupak rada

Razvijeni prototip softverskog rešenja za planiranje proizvodnje i pripremu procesa rada putem stavke menija "Postupak rada" omogućava poziv ekranskih formi za kreiranje, pregled i brisanje postupaka rada.

Postupak kreiranja započinje zadavanjem identifikacione oznake i prioriteta postupka rada koji može biti osnovni ili alternativni sa stanovišta njegove primene u proizvodnji. Nakon toga vrši se selekcija predmeta rada za koji se postupak rada kreira, putem izbora jednog predmeta rada sa liste svih postojećih predmeta rada ili liste svih predmeta rada za koje ne postoji oblikovan ni jedan postupak rada.

Nakon unosa osnovnih podataka postupka rada, vrši se oblikovanje operacija rada, pri čemu se za svaki postupak mora definisati najmanje jedna operacija rada. Za svaku operaciju rada neophodno je definisati identifikacionu oznaku, naziv, vreme trajanja i pripremno-završno vreme operacije rada. Opciono, omogućen je i unos kraćeg tekstualnog opisa i skice operacije rada. Identifikaciona oznaka operacije rada se formira putem identifikacione oznake postupka rada i rednog broja operacije rada. Opisan način formiranja predstavlja preporuku, a ne ograničenje. Takođe, omogućeno je i uklanjanje oblikovane operacije rada. Ekranska forma za kreiranje postupaka rada je prikazana na slici **41**.

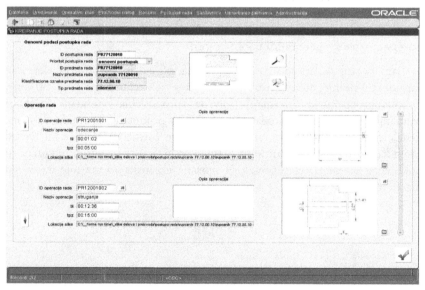

Slika 41: Ekranska forma za kreiranje postupaka rada

Kreiranje postupka rada obuhvata i proveru jedinstvenosti unešenih identifikacionih oznaka, verifikaciju ostalih vrednosti unešenih u polja ekranske forme, proveru postavljenog prioriteta predmeta rada i potvrdu sprovođenja aktivnosti. Provera prioriteta predmeta rada uključuje:

- prevođenje alternativnog postupka rada u osnovni, u slučaju da za selektovani predmet rada ne postoji ni jedan prethodno oblikovan postupak rada i

- prevođenje postojećeg postupka rada sa osnovnog na alternativni. Slučaj se dešava ukoliko se za predmet rada kreira osnovni postupak, za koji takav postupak već postoji.

U oba slučaja konverzije, zahteva se potvrda sprovođenja.

Pregled postupka rada se obezbeđuje putem selekcije jednog postojećeg postupka rada. Struktura prikazanih podataka se sastoji od:

- pregleda osnovnih podataka postupka rada (identifikaciona oznaka postupka rada, prioritet postupka rada (osnovni ili alternativni), identifikaciona oznaka predmeta rada na koji se postupak odnosi, naziv predmeta rada, klasifikaciona oznaka predmeta rada, tip predmeta rada i slika predmeta rada) i

- pregleda podataka operacija rada (identifikaciona oznaka operacije rada, naziv operacije, t_{ii} (vreme trajanje operacije), t_{pz} (pripremno-završno vreme), tekstualni opis operacije i skica operacije).

Pored ovih vrednosti prikazuje se i ukupan broj operacija rada selektovanog postupka rada. Na ekranskoj formi se u svakom trenutku mogu prikazati najviše dve operacije rada. U slučaju postojanja više od dve operacije rada navigacija se vrši putem tastature ili putem komandnih dugmadi ekranske forme sa ikoničnim oznakama tipa strelice, čiji pravac označava smer navigacije. Kreiranje, modifikacija i brisanje postupka rada putem ekranske forme za pregled nisu omogućene. Izgled opisane ekranske forme prikazan je na slici **42**.

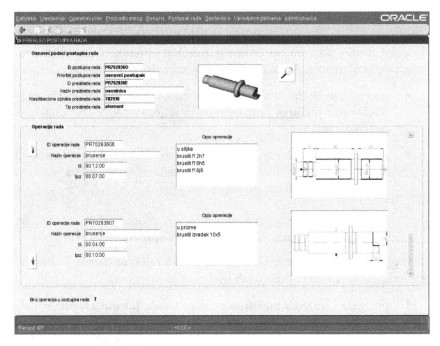

Slika 42: Ekranska forma za pregled postupaka rada

Ekranska forma za brisanje postupka rada uključuje sve elemente prikaza i navigacije kao i ekranska forma za pregled postupka rada, i dodatno uključuje i komandno dugme za iniciranje operacije brisanja, koje postaje dostupno nakon selekcije jednog postojećeg postupka rada. Omogućeno je selektovanje samo onih postupaka rada koji se ne nalaze ni na jednom radnom nalogu.

4.3.6. Sastavnica

Sastavni deo prototipa softverskog rešenja za planiranje proizvodnje i pripremu procesa rada čine i ekranske forme koje su dostupne putem stavke menija "Sastavnica" i omogućavaju korisnicima kreiranje, pregled, modifikaciju i brisanje sastavnica predmeta rada.

Ekranska forma za kreiranje sastavnica obuhvata aktivnosti oblikovanja nove ili dodavanje predmeta rada u strukturu već postojeće sastavnice predmeta rada. U zavisnosti od željene aktivnosti, vrši se selekcija predmeta rada bez prethodno oblikovane sastavnice ili sa prethodno oblikovanom sastavnicom predmeta rada. Prikaz podataka ekranske forme obuhvata pregled osnovnih podataka selektovanog predmeta rada, pregled veza u strukturi osnovnog predmeta rada i pregled celokupne strukture predmeta rada u vidu hijerarhijskog stabla i u vidu liste. Izgled ekranske forme za kreiranje sastavnica predmeta rada je prikazan na slici **43**.

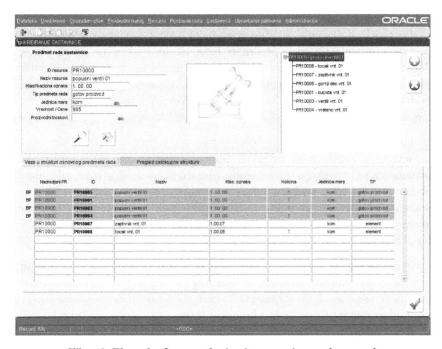

Slika 43: Ekranska forma za kreiranje sastavnica predmeta rada

Kreiranje sastavnice je omogućeno za sve predmete rada koji nisu tipa osnovni materijal. Postupkom selekcije vrši se postavljanje izabranog predmeta rada na nulti nivo (koren stabla) u hijerarhijskoj strukturi, i omogućava dalje dodavanje podređenih predmeta rada u strukturu sastavnice putem za to namenjenog komandnog dugmeta. Postupak dodavanja podređenih predmeta rada, na bilo kom nivou sastavnice, obuhvata obeležavanje (selekciju) nadređenog predmeta rada (predmet rada na ekranskoj formi prikazan plavom bojom) i izbor jednog, direktno podređenog predmeta rada iz liste mogućih predmeta rada. Lista mogućih predmeta rada se formira u skladu sa pravilima oblikovanja sastavnice predmeta rada, u koja između ostalog spadaju:

- predmet rada na jednom nivou može da se pojavi najviše jednom,

- svi nadređeni predmeti rada, ne mogu istovremeno biti i podređeni u strukturi jednog posmatranog predmeta rada,

- predmet rada ne može da se pojavi kao podređeni u sopstvenoj strukturi i

- predmet rada tipa element može kao podređene da ima samo predmete rada tipa osnovni materijal.

Postupak dodavanja predmeta rada uključuje i kopiranje kompletne podstrukture selektovanog predmeta rada, ukoliko takva struktura postoji. Podstruktura može biti neka već postojeća ili oblikovana putem ekranske forme. Pri tome, dodavanje podređenog predmeta rada, sa ili bez podstrukture, se vrši za svaku pojavu nadređenog predmeta rada u hijerarhijskoj strukturi.

Uklanjanje predmeta rada iz strukture sastavnice se vrši putem za to namenjenog komandnog dugmeta putem kojeg se raskida veza između selektovanog i direktno nadređenog predmeta rada. Postupak uklanjanja obuhvata celokupnu podstrukturu selektovanog predmeta rada i to za svaku pojavu nadređenog predmeta rada. Sprovođenje ove operacije za koren hijerarhijskog stabla dovodi do brisanja svih podataka sa ekranske forme, za šta je neophodna prethodna potvrda.

Prilikom svake operacije dodavanja i uklanjanja predmeta rada, formira se pregled celokupne strukture u vidu liste, kao i pregled veza u strukturi predmeta rada za koji se sastavnica kreira. Veze formirane na osnovu prethodno unetih zapisa se na ekranskoj formi označavaju zelenom bojom i za svaku od njih se zabranjuje modifikacija količinskog učešća podređenog u strukturi nadređenog predmeta rada. Za sve ostale, korisnički oblikovane veze, neophodno je zadavanje tih količina.

Modifikacija postojećih sastavnica se odvija na osnovu istih pravila i ograničenja koja važe i prilikom kreiranja nove sastavnice predmeta rada. Pri tome, ekranska forma uključuje samo mogućnost dodavanja novih veza tj., podređenih predmeta rada, u strukturu selektovanog korenskog predmeta rada dok brisanje veza nije omogućeno. Postupak kreiranja nove ili modifikacija postojeće sastavnice uključuje prethodnu proveru vrednosti ekranske forme i potvrdu sprovođenja postupka.

Ekranska forma za pregled sastavnica je koncipirana na isti način kao i ekranska forma za kreiranje sastavnica i obuhvata pregled celokupne strukture predmeta rada u vidu hijerarhijskog stabla, kao i u vidu liste, i pregled veza strukture i količinskog učešća podređenog po jedinici mere nadređenog predmeta rada. Prikaz podataka sastavnice se ostvaruje na osnovu selekcije željenog predmeta rada putem jedinog komandnog dugmeta na ekranskoj formi. Pri tome omogućena je selekcija samo onih predmeta rada za koje postoji oblikovana sastavnica. Opisana ekranska forma služi isključivo za pregled, i ne dozvoljava izvođenje ni jedne operacije koja za posledicu ima promenu stanja baze podataka.

Funkcionalnosti ekranske forme za modifikaciju sastavnica uključuju i mogućnost brisanja predmeta rada na prvom podređenom nivou iz strukture selektovanog predmeta rada i promene količinskog učešća podređenog predmeta rada, po jedinici mere nadređenog (selektovanog) predmeta rada. Postupak modifikacije i/ili brisanja započinje selekcijom predmeta rada na osnovu liste izbora koju čine postojeći predmeti rada za koje su definisani podređeni predmeti rada. Izgled opisane ekranske forme je prikazan na slici **44**.

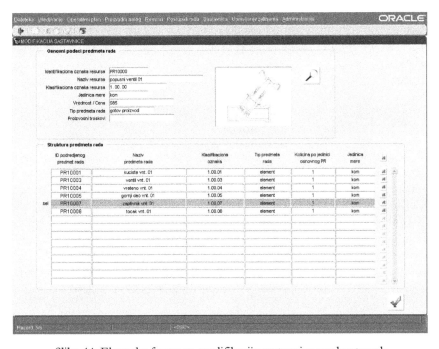

Slika 44: Ekranska forma za modifikaciju sastavnica predmeta rada

Na ekranskoj formi se prikazuju osnovni podaci, kao i struktura modularne sastavnice selektovanog predmeta rada. Za svaki prikazani podređeni predmet rada moguća je promena njegovog količinskog učešća ili postavljanje markera za brisanje putem ikoničnog komandnog dugmeta pozicioniranog pored željenog predmeta rada odabranog za brisanje. Pored toga, ekranska forma uključuje i mogućnost istovremene selekcije svih predmeta rada putem izdvojenog komandnog dugmeta sa istom ikoničnom oznakom.

Markeri se na ekranskoj formi prikazuju narandžastom bojom, i označavaju predmete rada koji se prvom narednom operacijom unosa promena uklanjaju, odnosno brišu iz strukture nadređenog predmeta rada. U slučaju markiranja svih podređenih predmeta rada, operacijom brisanja praktično se briše i cela sastavnica. Ovakav način brisanja obezbeđuje očuvanje struktura podređenih predmeta rada. U cilju sprečavanja slučajnog gubitka nesačuvanih promena, ponovna selekcija osnovnog predmeta rada, koja dovodi do gubitka svih trenutnih podataka ekranske forme, se sprovodi nakon korisničke potvrde.

4.3.7. Upravljanje zalihama

Deo razvijenog prototipa aplikacije koji se odnosi na upravljanje zalihama obezbeđuje mehanizme promene stanja i pregleda trenutnog stanja skladišta.

4.3.7.1. Prijemnica i otpremnica

Promena stanja skladišta, npr. prijem resursa, se ostvaruje na osnovu prijemnice. Oblikovanje prijemnice obuhvata unos osnovnih podataka prijemnice (identifikaciona oznaka i odgovorno lice za predaju resursa), selekciju skladišta za prijem, unos podataka o poslovnom partneru (dobavljač i/ili kooperant) i definisanje stavki prijemnice (lista resursa za prijem i njihove količine). Svakoj prijemnici se automatski dodeljuju datum i vreme prijema resursa tako da ne postoji mogućnost da korisnik aplikacije promeni ove podatke. Kreiranom prijemnicom se trenutno ažurira stanje selektovanog skladišta u vezi sa primljenim resursima. Ekranska forma prijemnice je prikazana na slici **45**.

Otprema resursa, odnosno kreiranje otpremnice, obuhvata zadavanje istih parametara kao u slučaju prijemnice uz postojanje nekoliko razlika. Za svaku otpremnicu potrebno je uneti broj porudžbine i omogućena je selekcija samo onih poslovnih partnera koji imaju definisan tip saradnje kupac. Dalje, formiranje liste mogućih resursa za otpremu se sprovodi na osnovu trenutnog stanja selektovanog skladišta i za svaku stavku otpremnice se na ekranskoj formi prikazuje maksimalna količina za otpremu, koja ujedno predstavlja i ograničenje prilikom unosa stvarne količine resursa za otpremu. Sva ostala ograničenja i struktura prikaza podataka realizovani su na isti način kao kod ekranske forme za prijemnicu. Ekranska forma otpremnice je prikazana na slici **46**.

Sistemi za podršku planiranju poslovnih resursa u organizacijama u Srbiji

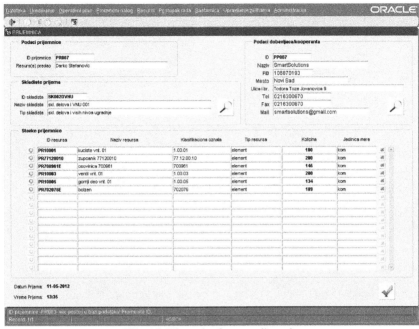

Slika 45: Ekranska forma prijemnice

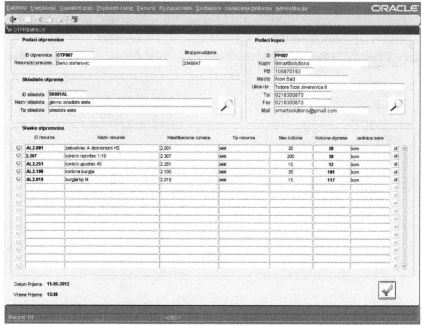

Slika 46: Ekranska forma otpremnice

4.3.7.2. Pregled stanja skladišta

Pregled stanja skladišta uključuje prikaz osnovnih podataka o skladištu i prikaz resursa sa njihovim količinama na skladištu (vidi sliku **47**). Za svaku stavku (resurs) izabranog skladišta prikazuju se identifikaciona i klasifikaciona oznaka, naziv, tip, trenutne količine na skladištu, jedinica mere i datum poslednje promene stanja. Selekcija skladišta za prikaz se ostvaruje putem padajuće liste na osnovu identifikacione oznake skladišta. U okviru ekranske forme za pregled stanja skladišta, nisu dozvoljene operacije koje za posledicu imaju promenu stanja skladišta ali je obezbeđena mogućnost pokretanja izveštaja za objedinjen pregled stanja svih skladišta ili pregled stanja za izabrano skladište (slika **48**). Pomenutim izveštajima se pristupa putem stavke "Izveštaji" menija razvijenog prototipa aplikacije. Izveštaj za pregled stanja pojedinačnog skladišta se formira za trenutno selektovano skladište na ekranskoj formi, ukoliko takvo postoji. U suprotnom, ne postoji mogućnost pokretanja ovog izveštaja.

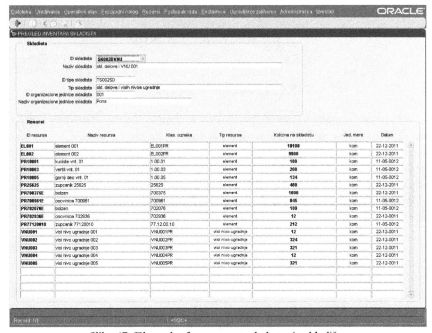

Slika 47: Ekranska forma za pregled stanja skladišta

Pregled stanja skladista

ID skladista **SK001AL**   Naziv skladista: **skladiste alata**

ID resursa	Naziv	Tip	Kolicina	JM
AL2.001	zabusivac A desnorezni HS	alat	20	kom
AL2.019	burgija tip M	alat	15	kom
AL2.100	konicna burgija	alat	35	kom
AL2.251	konicni upustac 45	alat	10	kom
2.307	konicni razvrtac 1:16	alat	200	kom
Broj resursa u skladistu: 5				

Slika 48: Izveštaj – pregled stanja skladišta

5. Softversko rešenje za automatizaciju poslovanja preduzaća - Paneon

5.1. Osnovne postavke

U ovom poglavlju biće predstavljen ERP sistem Paneon, koji je modularan, čime je omogućeno da korisnici izaberu i koriste samo one module koji su im zaista potrebni, kao i da zahtevaju da se moduli kreiraju posebno za potrebe njihovog poslovanja. Takođe, biće dat prikaz tehnologije korišćene za izradu ERP sistema kao i sama arhitektura sistema. Posebna pažnja biće poklonjena prikazu funkcionalnosti, naročito u obliku ekranskih formi softverskog rešenja.

5.1.1. Tehnologija

Paneon informacioni sistem razvijen je u C# programskom jeziku [158] korišćenjem ASP.NET tehnologije (*Active Server Pages* .NET) [159] kompanije Microsoft, kao i primenom Developer Express-ovog ExpressApp razvojnog okruženja [160].

C# (*C sharp*) je jedan od mlađih programskih jezika. Nastao je 2002. godine kao sastavni deo MS .NET 1.0 razvojnog okruženja [161].

C# je objektno orijentisani programski jezik kao i većina modernih viših programskih jezika (C++, Java itd). Jezik je opšte primene i namenjen je izradi aplikacija za .NET platformu. Smatra se da su programski jezik C# i njegovo radno okruženje .NET Framework, najznačajnija tehnologija za razvoj softvera, ostvarena do današnjih dana. .NET Framework okruženje je koncipirano tako da obezbeđuje uslove za kreiranje skoro svake aplikacije u Windows operativnom sistemu, dok je C# programski jezik projektovan specijalno za rad u njemu. Koristeći C# u .NET Framework-u, mogu se pisati dinamičke Web stranice, *Windows Presentation Foundation* (WPF) [162] aplikacije, XML Web servisi [163], komponente distribuiranih aplikacija, komponente baza podataka, klasični Windows desktop programi itd.

ASP.NET je internet tehnologija koja omogućava programerima da kreiraju dinamičke internet sajtove, internet aplikacije i internet servise. Prvi put je objavljena u januaru 2002. godine sa verzijom 1.0 .NET - a, pa samim tim ASP.NET je naslednik ASP tehnologije [164]. ASP.NET je izgrađen na CLR - u (*Common Language Runtime*) [165], pa time omogućava programerima da pišu ASP.NET kod u jeziku koji podržava .NET tehnologija (*Visual Basic .NET, Visual C#, Visual C++*, i dr.). ASP.NET

SOAP [166] proširenje omogućava ASP.NET komponentama da obrađuju SOAP poruke.

.NET stranice, zvanično poznate kao web forme (*Web Forms*), glavni su kamen temeljac za razvoj aplikacija. Web forme su datoteke sa *.aspx ekstenzijom. One najčešće sadrže statički XHTML [167], kao i oznake koje definišu serversku stranu web kontrola i korisničkih kontrola gde programeri stavljaju sve potrebne statičke i dinamičke sadržaje stranice. Pored toga, dinamički kod koji se pokreće na serverskoj strani može biti postavljen u bloku <dinamički kod> koji je sličan ostalim tehnologijama za web programiranje kao što su PHP [168], JSP [169] i ASP.

5.1.2. Developer Express ExpressApp razvojno okruženje

Developer Express-ovo ExpressApp razvojno okruženje je moćan instrument za kreiranje poslovnih aplikacija brzo i lako. Njegova glavna karakteristika jeste što on predstavlja RAD alat (*Rapid Application Development*) [170], koji omogućava da se razvojni tim posveti razvoju aplikacije, a ne razvoju kontrola u njoj. Jaka modularna arhitektura omogućava upotrebu domena koji su nezavisni od platforme. Primeri tipičnih aplikacija uključuju prodaju, CRM sisteme, projekte, ljudske resurse kao i mnoge druge. Ekpress perzistentni objekat je moćan most između pravog sveta objekata i relacionih baza podataka. On omogućava da se definiše model podataka u kodu, da se napravi nacrt u dizajneru, ili se ponovo koriste postojeće baze podataka bez potrebe da se nosi sa složenostima mapiranja tabela baze podataka.

Ekpress perzistentni objekat apstrahuje sloj baze i ostaje u potpunosti u objektno-orijentisanom okruženju. On je dovoljno fleksibilan da pomogne da se reši širok spektar zadataka, počev od jednostavnih WinForms, ASP.NET, WPF i Silverlight aplikacija [171], pa sve do kompleksnih servisa podataka koji su kompatibilni sa više baza podataka.

EXpressApp razvojno okruženje dolazi sa bibliotekom osnovnih klasa koje sadrže niz zajedničkih poslovnih objekata i kontrolera koji sprovode zajedničke operacije. Programeri na aplikacijama baziranim na EXpressApp razvojnom okruženju mogu da koriste ove klase direktno, menjaju ih, ili kreiraju njihove zamene.

Paneon informacionom sistemu je moguće pristupiti iz bilo kog modernog Internet pretraživača, naravno uz postojanje Intenet konekcije. Da bi se pristupilo sistemu, potrebno je uneti odgovarajuće korisničko ime i šifru, uz mogućnost odabira jezika (Engleski, Srpski). Aplikacija može biti prevedena na jezike po potrebi.

Na slici **49** prikazana je početna strana web aplikacije koja sadrži naloge koji su prispeli za plaćanje, rokovnik za prijavljenog korisnika, kao i podsetnik za nabavku dobara koja imaju količinu manju od predefinisane minimalne u skladištu.

Početna strana sadrži glavni meni u obliku dvostruke tab kontrole koja sadrži imena svih modula, i na drugom nivou izabrane tab kontrole sve stavke toga modula. U zavisnosti od izabrane konfiguracije klijent vidi samo svoje module, a administrator sistema može menjati taj skup modula za svakog korisnika pojedinačno.

Slika 49: Početna strana web aplikacije

5.2. Paneon moduli

Kao što je već rečeno, programski paket Paneon ERP sistema je modularan, čime je omogućeno da svaki klijent koristi samo one module koji su mu zaista potrebni, time ulažući optimalna sredstva u svoj informacioni sistem. Razvijeno je više različitih modula od kojih su neki opšte namene, a neki po specifičnim zahtevima pojedinih klijenata. Samim tim što je sistem modularan proizilazi da je korisniku lako da ga nadograđuje. Na početku korisnik uzima module koji su mu potrebni, a kako mu se poslovanje povećava i nastaju potrebe za proširenjima informacionog sistema tako ima mogućnost uzimanja novih i lakše nadogradnje postojećih modula. Moduli se uklapaju u jednu celinu, prateći ista pravila u načinu rada tako da se korisnik uvek nalazi u poznatom okruženju i vrlo lako savladava nove opcije.

Paneon sadrži **osnovne**, **poslovne** odnosno biznis, kao i **dodatne** module. Osnovni moduli obuhvataju podatke o

- organizaciji,
- administraciju sistema,
- matične datoteke i
- izveštaje.

Poslovni moduli su sledeći:

- Poslovanje,
- Skladišta,
- Proizvodnja,
- Glavna knjiga,
- Lični dohodci i
- Maloprodaja.

Dodatni moduli se razvijaju za podršku specifičnim oblastima poslovanja. Neki od njih koji će ovde biti prikazani su:

- MIS (Medicinski Informacioni Sistem),
- Hotelsko poslovanje i
- PanTime.

5.2.1. Modul "Poslovanje"

Modul "Poslovanje" obuhvata elemente kao što su: ulazni i izlazni dokumenti, izvodi banke, nalozi za plaćanje, inventarne liste, evidencija o porezu, naknadama kao i naplaćenoj realizaciji.

U narednim koracima će biti detaljnije opisano kako sistem funkcioniše.

❖ Ulazni dokumenti

Upravljanje ulaznim dokumentima obezbeđuje obradu svih predviđenih ulaznih dokumenata preduzeća:

- Ulazni računi,
- Ulazni predračuni,
- Troškovi poslovanja,
- Osnovna sredstva,
- Knjižna odobrenja i
- Knjižna zaduženja.

Svaki ulazni dokument se obrađuje do nivoa neophodnog za automatsko vođenje evidencije (knjige) ulaznih računa, koja predstavlja jednu od obaveznih evidencija svakog preduzeća, kao i jedan od izvora za obračun PDV-a.

Stavka "Ulazni dokumenti" sadrži podatke o klijentu, dobavljaču ili kupcu dobara, nabavnoj vrednosti, obračunatom PDV-u, prodajnoj vrednosti sa i bez PDV-a, koliko je plaćeno i koliko je preostalo za uplatu, koji tip troška je u pitanju i da li je dokument proknjižen i sl. Na slici **50** prikazana je lista ulaznih dokumenata sa određenim izabranim kolonama. Na slici **51** prikazan je izgled ekranske forme upravljanja podacima za ulazne račune. Kao što se može videti u tab kontroli se nalaze podaci o prethodno uplaćenom PDV-u, stavke dokumenta, nastali magacinski dokumenti ako ih ima, skenirani dokumenti kao pratnja ulaznom dokumentu (npr. skeniran račun od dobavljača na osnovu koga se i izrađuje ulazni dokument), generisani nalozi za plaćanje, dokumenta nivelacije ako ih ima, podaci o uvozu ako je ulazni dokument rezultat uvoza dobara, generisani nalozi glavne knjige kao i eventualni povezani dokumenti.

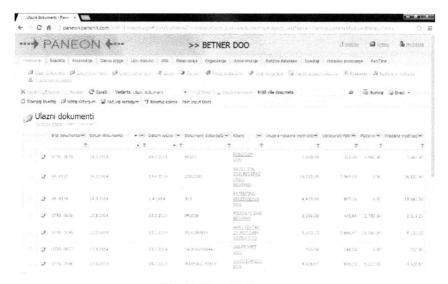

Slika 50: Ulazni dokumenti

Slika 51: Stavke ulaznog dokumenta

Na slici **52** je prikazana forma za upravljanje stavkama ulaznog dokumenta.

Slika 52: Upravljanje stavkama ulaznog dokumenta

U matičnoj datoteci se definiše roba koja je predmet ulaznog dokumenta. Obavezno je definisati magacin u kojem se roba skladišti.

Važno je napomenuti da se ulazni dokumenti mogu grupisati u različite tipove. Tako se razlikuju: Ulazni račun (odnosi se na robu koja se preprodaje), troškovi (troškovi u poslovanju), osnovna sredstva (nekretnine, postrojenja, oprema), početno stanje (ulazni dokumenti koji nisu plaćeni od prošle godine kao i novi ulazni dokumenti koji ulaze u početno stanje), knjižna odobrenja i zaduženja.

U slučaju dobijanja predračuna za određena dobra od strane klijenta preduzeća, moguće je isti zavesti u informacioni sistem. Ulazni predračun je kasnije moguće automatski prebaciti u ulazni račun. Ta dva dokumenta će automatski biti povezana.

Nakon ručnog kreiranja ulaznog računa, on je inicijalno zaveden. Da bi bio završen, potrebno je na njega dodati prethodni PDV. Prethodni PDV sadrži podatke o stopi poreza, osnovici, iznosu poreza, vrednosti poreza. Nakon što se doda PDV, potrebno je dokument povezati sa magacinom, kako bi nastala prijemnica. Klikom na dugme "Prebaci u magacin" kreira se magacinska prijemnica, što automatski povećava stanje na skladištu za sve robe iz ulaznog dokumenta. Kada se dokument proknjiži u glavnu knjigu, njegov status se menja u "Proknjižen". Proces knjiženja je automatizovan.

Dovoljno je pritisnuti dugme koje će kreirati nalog glavne knjige i promeniti status ulaznog dokumenta u "proknjižen."

❖ **Izlazni dokumenti**

Organizacije svakodnevno generišu velike količine standardizovanih dokumenata koje isporučuju poslovnom okruženju - kupcima, dobavljačima, partnerima, regulatorima, revizorima itd.

Tipični izlazni dokumenti su ponude, predračuni, računi, ugovori, otpremnice, rešenja, polise osiguranja, robni dokumenti i slično.

Stavka "Izlazni dokumenti" obezbeđuje evidenciju tipa izlaznog dokumenta (izlazni račun, ponuda, otpremnica, predračun, početno stanje, knjižno zaduženje, knjižno odobrenje, konačni račun, avansni račun). Takođe, evidentira se i status dokumenta (proknjižen ili tek kreiran), komercijalista, nabavna vrednost, osnovica, PDV, rabat – dati popust, magacin, koliko je plaćeno kao i koliko je preostalo za uplatu.

Glavni izlazni dokument je izlazni račun. Nakon unosa podataka izlaznog računa, potrebno ga je proknjižiti u glavnu knjigu. Proces knjiženja je automatizovan. Dovoljno je pritisnuti dugme koje će automatski kreirati nalog glavne knjige i promeniti status izlaznog dokumenta u "proknjižen". Na slici **53** data je lista izlaznih dokumenata dok slika **54** prikazuje upravljanje izlaznim računima. Na slici **55** prikazan je izgled generisanog dokumenta izlaznog računa odnosno fakture.

Slika 53: Izlazni dokumenti

Slika 54: Upravljanje izlaznim dokumentima

Slika 55: Izgled generisanog dokumenta - Izlazni račun

Ponuda je izlazni dokument, koji predstavlja potencijalnu ponudu za potencijalnog kupca. U slučaju da se kupac zainteresuje za ponudu, program omogućava da se od ponude automatski kreira račun, predračun ili otpremnica. Na slici **56** prikazani su detalji jedne ponude.

Slika 56: Detalji ponude

Otpremnica je dokument kojim se evidentira izlaz robe iz preduzeća. Bitno je naglasiti da "Paneon" poznaje dve vrste otpremnica: otpremnicu kao izlazni dokument i magacinsku otpremnicu. Kada se odabere opcija za otpremanje otpremnice kao izlaznog dokumenta, kreira se magacinski dokument, koji automatski smanjuje stanje na lageru. Od otpremnice se zatim pravi predračun ili izlazni račun po potrebi. Na slici **57** prikazana je jedna otpremnica kao izlazni dokument preduzeća, dok slika **58** prikazuje predračun kreiran prema određenom klijentu. Predračun sadrži sve parametre kao i račun, te nakon njegove uplate postoji opcija automatskog izdavanja računa.

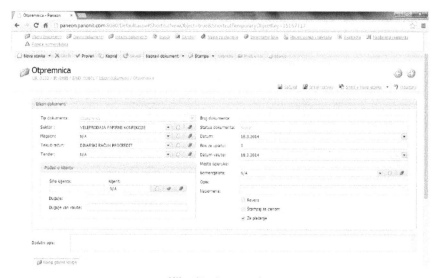

Slika 57: Otpremnica

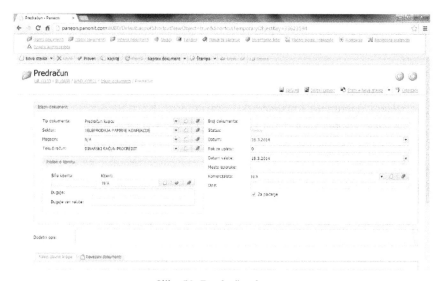

Slika 58: Predračun kupcu

❖ **Interni dokumenti**

Interni dokumenti se odnose na dokumenta vezana za interne odnose u preduzeću. Stavka "Interni dokumenti" obuhvata evidenciju dokumenata nivelacije, gde se navodi: tip dokumenta (nivelacija), šifra dokumenta, koji je magacin u pitanju, status dokumenta (kreiran ili proknjižen), prethodna vrednost dokumenta, nova vrednost dokumenta, razlika u ceni. Slika **59** prikazuje listu internih dokumenata.

Slika 59: Interni dokumenti

Klikom na neki od dokumenata, otvara se prozor za detaljan pregled, gde se mogu videti detalji o dobru na koje se dokument odnosi: nova cena, stara cena, jedinica mere, količina i drugo. Takođe mogu se kreirati i odgovarajući magacinski dokumenti ako je potrebno.

❖ **Izvodi banke**

Prilikom evidencije poslovnih promena na kontima klijenata, između ostalog, koriste se izvodi banke. Izvod banke služi kao dokaz da je banka izvršila prenos novčanih sredstava sa tekućeg računa kupca na tekući račun preduzeća, ili sa računa preduzeća na tekući račun dobavljača. Izvod banke sadrži i sva ostala plaćanja prema trećim licima ili državnim institucijama kao i sve prilive na tekući račun preduzeća.

Prilikom evidencije stavke izvoda, navodi se datum i broj izvoda, status dokumenta (zaveden ili proknjižen), tekući račun banke, trenutno i prethodno stanje na računu, podaci o dozvoljenom minusu. Slika **60** sadrži listu izvoda banke, dok slika **61** prikazuje upravljanje podacima izvoda banke. Tu se mogu videti stavke izvoda, kao i tab koji sadrži izgenerisan nalog glavne knjige koji odgovara tom izvodu.

Slika 60: Izvodi banke

Slika 61: Upravljanje izvodima banke

Na slici **62** prikazano je upravljanje stavkama izvoda gde korisnik unosi iznose "duguje" ili "potražuje" sa izvoda banke, ali i vrši asocijaciju iznosa sa izvoda sa određenim dokumentom u sistemu ili naplatom poreza i naknada i/ili drugih plaćanja. To se može videti u tab kontroli: plaćeni ulazni dokumenti, plaćeni izlazni dokumenti i plaćeni porezi i naknade.

Slika 62: Upravljanje stavkama izvoda

❖ **Nalozi za plaćanje**

Slika 63: Nalozi za plaćanje

Nalog za plaćanje je nalog kojim se traži izvršenje platne transakcije prenosa novčanih sredstava sa jednog transakcijskog računa na drugi.

Kod stavke "Nalozi za plaćanje" navodi se koji je ulazni dokument u pitanju, zatim dužnik, klijent, svrha uplate, mesto uplate, valuta, iznos, tekući račun dužnika i klijenta, datum uplate iznosa. Nalozi za plaćanje mogu se automatski kreirati od određenog ulaznog dokumenta. Na primer, za slučaj da je preduzeće dobilo neka dobra na 6 mesečnih rata, kreira se 6 naloga za plaćanje koji postaju aktivni za izabrani datum. Na slici **63** prikazana je lista naloga za plaćanje.

❖ **Inventarne liste**

Inventarne liste omogućavaju evidenciju i popis stanja u magacinu, tako što se navode stavke koje su zatečene u njemu, kao i njihova količina i stanje. Na slici **64** prikazana je forma za upravljanje inventarnim listama.

Slika 64: Upravljanje inventarnom listom

❖ **Realizacija**

Stavka "Realizacija" služi za evidenciju naplate dugovanja klijenata. Tu se beleži koliko je klijent platio, i koliko mu je još ostalo kako bi izmirio svoju obavezu, kao i tip dokumenta na osnovu kojeg se beleži dugovanje, datum dokumenta, datum valute, ime komercijaliste i klijenta, zarada komercijaliste, procenat. Kada je dug u potpunosti plaćen, stavka automatski prelazi u stavku "Naplaćena realizacija". Ekranska forma sa realizacijom prikazana je na slici **65**.

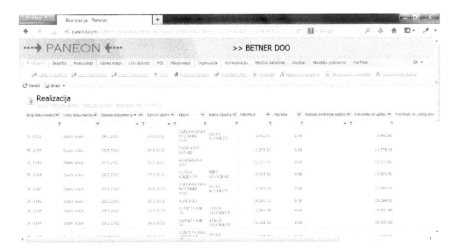

Slika 65: Realizacija

❖ **Naplaćena realizacija**

Slika 66: Naplaćena realizacija

Stavka "Naplaćena realizacija" se koristi za evidenciju realizacije koja je u potpunosti isplaćena od strane klijenta. Tu se navodi iznos koji je plaćen, ime klijenta i komercijaliste, RUC (Razlika U Ceni), datum uplate, koji je izvod, kao i da li je izvod proknjižen ili ne. Klikom na izvod imamo uvid u detalje izvoda kao što su njegove ostale stavke, nalog glavne knjige, broj i datum izvoda, stanje, itd. Na slici **66** prikazana je naplaćena realizacija.

❖ **Plaćeni porezi i naknade**

Stavka "Plaćeni porezi i naknade" služi za evidenciju tipa poreza i naknada, broj računa, koliko je plaćeno, naziv i datum izvoda, opis stavke izvoda (npr. kvartalni trošak - bankarska garancija).

Klikom na tekući račun dobija se uvid u detalje tekućeg računa, kao što je dozvoljeni minus kod te banke kao i datum isteka dozvoljenog minusa, vrsta tekućeg računa, valuta i drugo. Slika **67** sadrži listu plaćenih poreza i naknada.

Slika 67: Plaćeni porezi i naknade

❖ **Posete komercijalista**

Stavka "Posete komercijalista" služi za praćenje rada i ocenu uspešnosti komercijalista, evidencijom koje su firme posetili i kontaktima koje su ostvarili. Posete komercijalista prikazane su na slici **68**.

Slika 68: Posete komercijalista

5.2.2. Modul "Skladišta"

Modul "Skladišta" obuhvata evidenciju ključnih procesa u skladištima, kao što je evidencija magacina, i stanja na lageru (šifra i naziv dobra, količina, jedinica mere, nabavna i prodajna vrednost i dr.) i upravljanje svim magacinskim dokumentima (prijemnica, otpremnica, nivelacija, povratnica, revers, trebovanje, rezervacija), koji su neophodni za poslovanje. Na slici **69** je prikazana lager lista, odnosno stanje po skladištima grupisano po magacinima. Slika **70** prikazuje listu magacinskih dokumenata, dok slika **71** prikazuje ekransku formu za upravljanje magacinskom otpremnicom.

Slika 69: Lager lista po magacinima

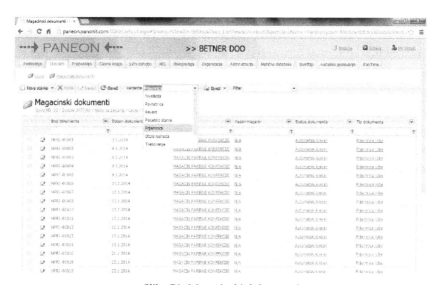

Slika 70: Magacinski dokumenti

Slika 71: Upravljanje magacinskom otpremnicom

5.2.3. Modul "Proizvodnja"

Modul "Proizvodnja" podržava sve procese jednostavne proizvodnje. Centar proizvodnje su sastavnice, na kojima se nalaze svi podaci o materijalima, operacijama i radnim nalozima preko kojih se izdaje materijal i prima proizvod. Na slici **72** je prikazana forma za upravljanje sastavnicama.

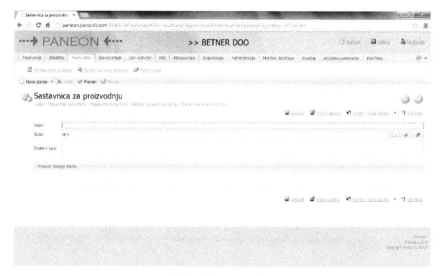

Slika 72: Sastavnica

5.2.4. Modul "Glavna knjiga"

Osnovna knjiga u računovodstvu, srž samog knjigovodstva, osnova za knjigovodstvene i računovodstvene usluge, drugim rečima - glavna knjiga, sadrži sve najvažnije promene u poslovanju jednog preduzeća. Kvalitetno vođenje glavne knjige obezbeđuje kvalitetne i jednostavne izveštaje, a samim tim i olakšava poslovno odlučivanje. Modul "Glavna knjiga" omogućava formiranje različitih naloga glavne knjige, kao i kreiranje i manipulaciju kontnim planom. Na slici **73** prikazana je ekranska forma za ručno kreiranje naloga glavne knjige. Slika **74** sadrži kontni plan, dok su na slici **75** prikazane šeme kontiranja, a na slici **76** upravljanje šemama kontiranja. One omogućavaju automatsko kontiranje i knjiženje dokumenata informacionog sistema (ulaznih, izlaznih, internih) u glavnu knjigu.

Slika 73: Ručno kreiranje naloga glavne knjige

Slika 74: Kontni plan

Slika 75: Šeme kontiranja

Slika 76: Upravljanje šemama kontiranja

5.2.5. Modul "Lični dohodci"

Obračun ličnih dohodaka u sistemu Paneon odlikuje izuzetna prilagodljivost, zato što je sve programabilno (može programski da se menja – nije fiksno), i to omogućava obračun za različite tipove preduzeća, radnih odnosa, osnovnih i dodatnih isplata.

Ovaj modul obuhvata veći broj stavki, kao što su: Lični dohodci; Periodi obračuna; Odbici kod ličnih dohodaka; Porezi; Doprinosi; Tipovi rada; Opšti koeficijenti za obračun ličnih dohodataka; Putni nalozi; Opšti koeficijenti za obračun putnih naloga. Na slici **77** prikazan je obračun ličnih dohodaka za prvi mesec 2014. godine. Slika **78** prikazuje stavke ličnog dohotka, dok su na slici **79** prikazani doprinosi razvrstani po opštinama.

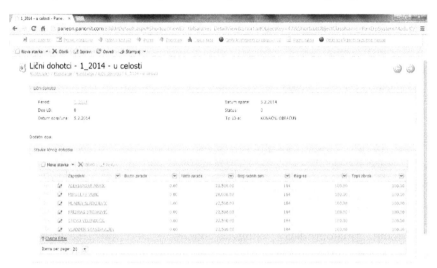

Slika 77: Lični dohodci - obračun

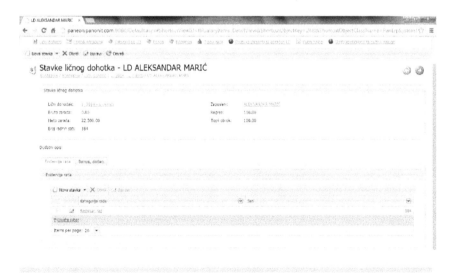

Slika 78: Stavke ličnog dohodka

133

Slika 79: Doprinosi razvrstani po opštinama

5.2.6. Modul "Maloprodaja"

Modul "Maloprodaja" obuhvata kreiranje i upravljanje fiskalnim dokumentima, kao i evidenciju o ostvarenom pazaru. Na slici **80** prikazana je forma za upravljanje fiskalnim računima. Informacioni sistem Paneon ima opciju štampe fiskalnih računa na određenim fiskalnim štampačima sertifikovanim u Republici Srbiji.

Slika 80: Fiskalni računi

Kao što je ranije rečeno postoje 4 osnovna modula, koja se koriste kod svakog poslovnog modula (kod svakog prethodno navedenog). Oni čine sastavni deo poslovanja, tako da su na raspolaganju bez obzira na to koji se modul koristi, tačnije, koji je modul klijent implementirao.

To su :

- Organizacija,
- Administracija,
- Matične datoteke i
- Izveštaji.

5.2.7. Modul "Organizacija"

Modul "Organizacija" sadrži podatke o samoj poslovnoj strukturi preduzeća. Na slici **81** prikazane su stavke modula organizacije kao i podaci o samoj kompaniji korisniku informacionog sistema.

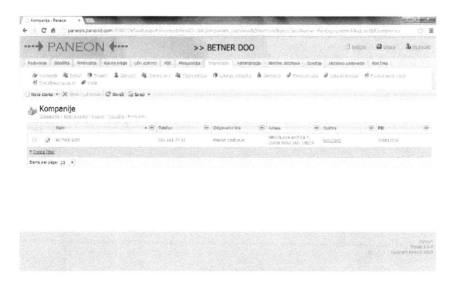

Slika 81: Modul organizacija

Ovaj modul obuhvata sledeće stavke:

Kompanije - Osnovne informacije o samoj kompaniji, kao što su naziv, adresa, PIB, eppdv broj (broj obveznika u Poreskoj upravi), telefon, odgovorno lice itd. Ekranska forma za upravljanje podacima o kompaniji prikazana je na slici **82**.

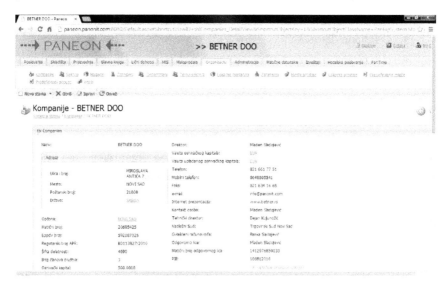

Slika 82: Upravljanje podacima o kompaniji

Sektori i tipovi sektora - Naziv sektora, tip sektora, adresa.

Magacini - Naziv, adresa, tip cene po kojoj se vodi magacin, tip dobara, valuta. Na slici **83** prikazana je ekranska forma sa jednim sektorom preduzeća sa pripadajućim magacinima.

Slika 83: Sektori sa definisanim magacinima

Zaposleni - Osnovne i dodatne informacije o zaposlenima, kao što su: ime i prezime, stručna sprema, zvanje, sektor u kojem rade, prethodno radno iskustvo, osnovna zarada, datum početka i završetka radnog odnosa, itd. Slika **84** sadrži listu zaposlenih, a slika **85** prikazuje ekransku formu za upravljanje podacima o zaposlenom.

Zanimanja - Odnosi se na evidenciju tipa zanimanja koji je zastupljen u preduzeću.

Slika 84: Lista zaposlenih

Slika 85: Upravljanje podacima o zaposlenom

Departmani - Naziv departmana, sektor kojem pripada, opis.

Lokacije magacina - Naziv, lokacija i zona kojoj magacin pripada.

Mesta prodaje - Naziv mesta, sektor kojem pripada, adresa.

Predefinisane marže - Obuhvata naziv i iznos predefinisane marže.

Predefinisani popusti - Definiše se naziv i iznos popusta, koji se kasnije može primeniti u različitim obračunima.

5.2.8. Modul "Administracija"

Modul "Administracija" sadrži stavke koje olakšavaju obavljanje administrativnih poslova. Jedna od ključnih opcija su parametri sistema prikazani na slici **86**.

Slika 86: Parametri sistema

Modul administracije obuhvata sledeće opcije:

Menjački poslovi - Evidencija banaka i njihovog kupovnog i prodajnog kursa određene valute.

Mesta troška - Evidencija naziva i sektora nastanka pojedinih troškova.

Tipovi dokumenata - Odnosi se na definisanje tipova dokumenata koji se koriste u poslovanju, tako sto im se dodeljuje skraćenica, kod, numerator, obeležava se kojem tipu pripadaju. Slika **87** prikazuje listu tipova dokumenata informacionog sistema "Paneon".

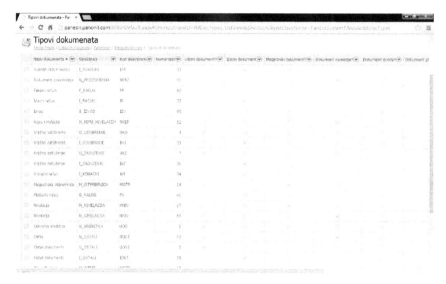

Slika 87: Tipovi dokumenata

Numeratori - Definiše se naziv numeratora, kompanija i sektor kojoj se dodeljuje, kao i izraz za formiranje numeracije dokumenta (reset, sekvenca). Numeratori se koriste kao automatizovani sistem za numeraciju dokumenata informacionog sistema. Slika **88** prikazuje listu numeratora, dok slika **89** prikazuje ekransku formu za upravljanje numeratorima.

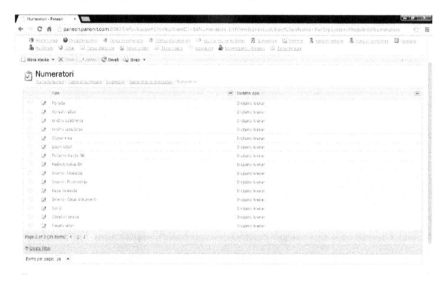

Slika 88: Lista numeratora

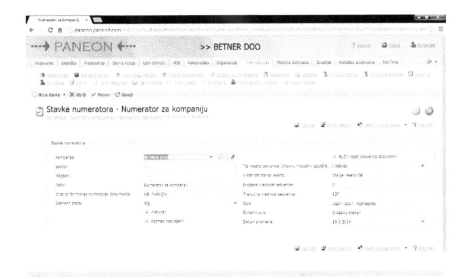

Slika 89: Upravljanje numeratorima

Korisnici sistema - Navodi se ime korisnika, kao i njegova uloga u sistemu (administrator, korisnik, i drugo). Slika **90** prikazuje ekransku formu za upravljanje podacima o korisnicima sistema.

Slika 90: Korisnici sistema

Korisnici kompanije - Evidentiraju se korisnici zaposleni u kompaniji koja koristi sistem, navode njihova ovlašćenja i prava korišćenja sistema. Na ovaj način se pri samoj prijavi na sistem može proveriti da li dati korisnik može da pristupi određenom nalogu. Korisnici kompanije su uvedeni iz razloga da jedan korisnik ima ili nema prava pristupa podacima o ostalim kompanijama koje se vode istom instancom informacionog sistema.

Uloge (administrator) - Ova stavka je isključivo vidljiva administratoru sistema, jer se u njoj dodeljuju prava korisnicima, kao što su čitanje, pisanje, i brisanje podataka vezanih za određenu operaciju, kao što je npr. knjiženje, manipulacija ulaznim ili izlaznim dokumentima, kreiranje korisnika i drugo. Kada se definiše određena uloga, ona se dodeljuje korisniku sistema. Uloge mogu biti različite, kao što su npr: komercijalisti, fakturisti, administrator i drugo, i sve one se razlikuju po stepenu i količini privilegija koje korisnik dobija određenom ulogom. Na slici **91** prikazana je lista definisanih uloga u sistemu.

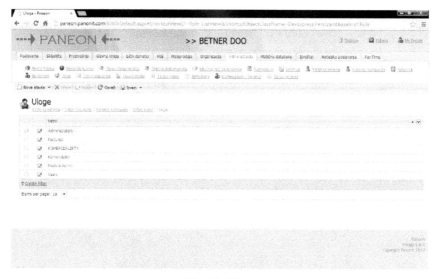

Slika 91: Uloge

Moji detalji – Prikazuju se detalji korisnika koji je trenutno prijavljen na sistem, navođenjem njegovih osnovnih podataka, uloga i ovlašćenja.

Posebno za dodatni modul MIS su kreirane sledeće stavke:

Tipovi dijagnoza - Navodi se šifra dijagnoze, kao i srpski i latinski naziv, a dijagnoza se kasnije može dodeliti odgovarajućem pacijentu. Na slici **92** prikazana je lista tipova dijagnoza.

Tipovi nalaza - Navodi se naziv nalaza i skraćenica, koja kasnije može da se dodeli odgovarajućem pacijentu.

Tipovi terapija - Definiše se tip terapije i dodeljuje joj se šifra.

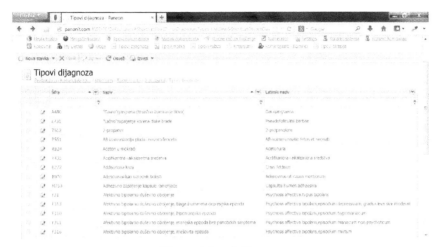

Slika 92: Tipovi dijagnoza

5.2.9. Modul "Matične datoteke"

Modul "Matične datoteke" obuhvata sledeće stavke:

Dobra - Evidentiraju se dobra sa kojima se posluje u preduzeću - naziv, jedinica mere, pakovanje, konto, stepen amortizacije osnovnih sredstava, pakovanje, kojoj grupi osnovnih sredstava pripada i drugo. Lista dobara prikazana je na slici **93**, dok je ekranska forma za upravljanje podacima o dobrima prikazana na slici **94**.

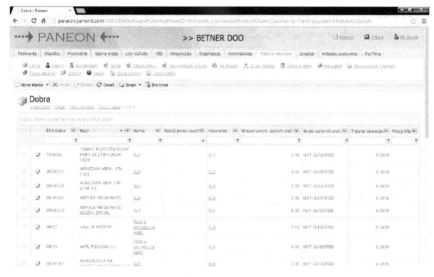

Slika 93: Dobra

Slika 94: Upravljanje dobrima

Klijenti - Navode se osnovni podaci o kupcima i dobavljačima sa kojima se posluje. Na slici **95** prikazana je lista klijenata, a na slici **96** ekranska forma za upravljanje podacima o klijentu.

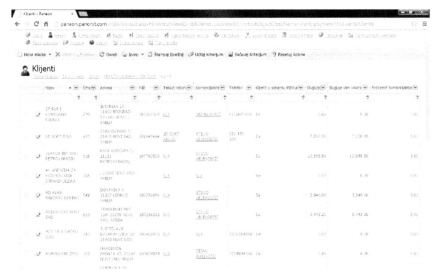

Slika 95: Klijenti

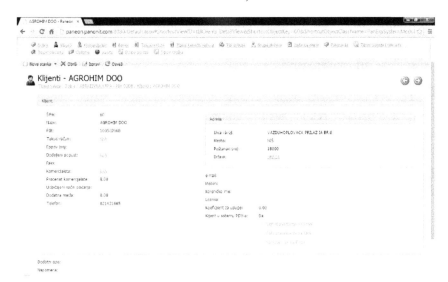

Slika 96: Upravljanje klijentima

Komercijalisti - Evidencija komercijalista koji rade u preduzeću. Definiše se procenat koji komercijalista ostvaruje od poslovanja, kao i kontakt podaci: adresa, telefon, elektronska pošta, tekući račun… Na slici **97** prikazana je lista komercijalista.

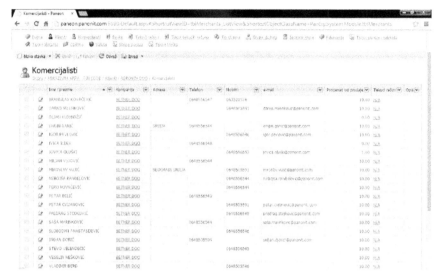

Slika 97: Komercijalisti

Banke - Evidencija banaka u kojima su definisani tekući računi klijenata, računi same kompanije, kao i računi ostalih institucija kojima se prebacuje ili od kojih se primaju sredstva.

Tekući račun – U ovoj stavci se evidentiraju tekući računi klijenata i same kompanije. Tekući računi kompanije obuhvataju i tekuće račune svojih dobavljača. Ova stavka obuhvata detalje o broju i nazivu računa, banci, vrsti tekućeg računa, valuti, iznosu odobrenog dozvoljenog minusa, kao i datumu isteka dozvoljenog minusa. Na slici **98** prikazana je lista tekućih računa.

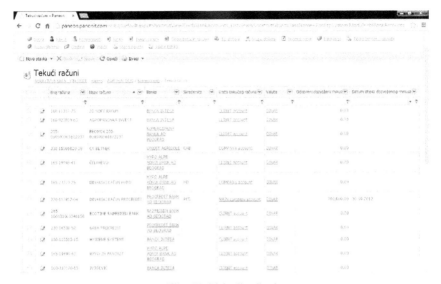

Slika 98: Tekući računi

Tip dobara - Definišu se tipovi dobara, koji se koriste u poslovanju preduzeća (Gotovi proizvodi, materijal, usluge i drugo).

Jedinice mere - definišu se jedinice mere koje se koriste u poslovanju.

Pakovanja - Navodi se naziv pakovanja, dimenzije, količina u pakovanju.

Tipovi poreza i naknada - Definiše se naziv, konto, strana (duguje/potražuje), tekući račun. Lista tipova poreza i naknada prikazana je na slici **99**. Ovi tipovi se koriste za asocijaciju uplata/isplata prilikom knjiženja izvoda banke.

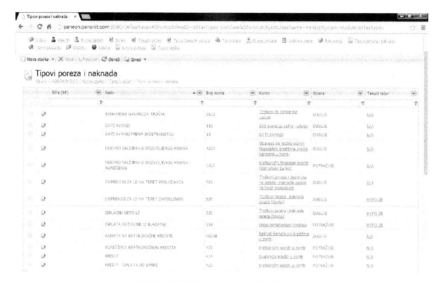

Slika 99: Tipovi poreza i naknada

Tipovi plaćanja - Formulišu se mogući načini plaćanja koje preduzeće odobrava (gotovina, keš, kartica i drugo).

Stope poreza - Navode se moguće stope poreza - naziv, dan početka i kraja primene određene stope, kao i iznos poreza.

Valute - Definišu se valute koje preduzeće koristi u svom poslovanju.

5.2.10. Modul "Izveštaji"

U modulu "Izveštaji" su definisane ekranske forme za štampu svih dokumenata koji mogu da se štampaju (ulazni, izlazni i interni dokumenti, magacinski dokumenti, izvodi…).

Izveštaji se mogu podeliti na finansijske izveštaje (nalog glavne knjige, finasijske i analitičke kartice, knjiga primljenih i izdatih računa itd.) i magacinsko poslovanje (robne kartice i drugo).

Ovaj modul omogućava da se kreiraju izveštaji na osnovu zadatih kriterijuma. Na slici **100** prikazani su izveštaji po grupama, dok slika **101** sadrži tabelu svih izveštaja.

Slika 100: Izveštaji po grupama

Slika 101: Tabela svih izveštaja

Izgled jednog izveštaja dat je na slici **102**. Klikom na neki od izveštaja, pojaviće se prozor za odabir kriterijuma po kojem se može štampati izveštaj. Ekranska forma sa parametrima za izradu kartice klijenata prikazana je na slici **103**. Izgled jednog izveštaja – kartice klijenata prikazan je na slici **104**.

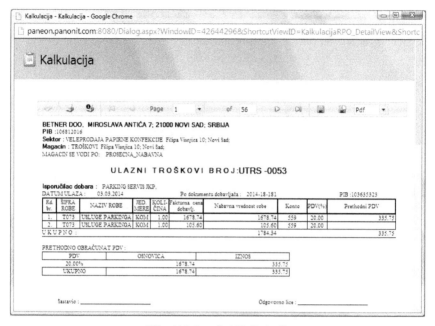

Slika 102: Izveštaj Kalkulacija

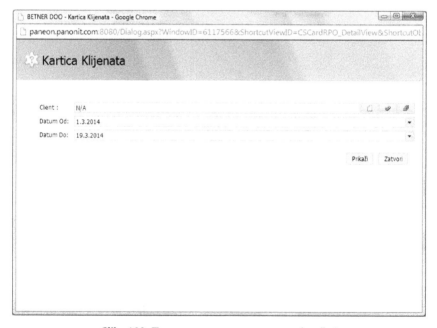

Slika 103: Forma za unos parametara za izveštaj

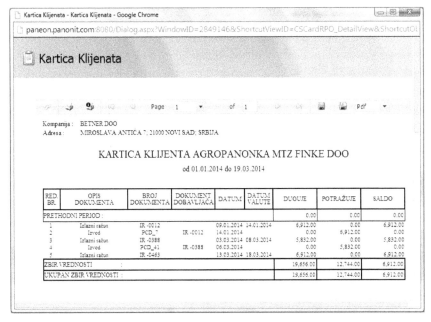

Slika 104: Izveštaj - Kartica klijenta

5.2.11. Modul "MIS" (Medicinski informacioni sistem)

MIS spada u grupu dodatnih modula za specifične oblasti poslovanja. On predstavlja informacioni sistem za automatizaciju poslovanja medicinske organizacije. Glavne stavke ovog modula su: Zakazivanja termina pacijentima, pregledi pacijenata, podaci o samim pacijentima, kao i podaci o medicinskom osoblju. Na slici **105** dat je prikaz ekranske forme za zakazivanja pacijenata gde se vide potrebni podaci za unos: pacijent, departman klinike, doktor kod kog se zakazuje pregled, vreme pregleda kao i razlog zakazivanja pregleda.

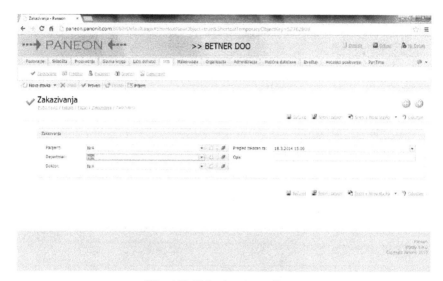

Slika 105: Zakazivanje pacijenata

5.2.12. Modul "Hotelsko poslovanje"

"Hotelsko poslovanje" je složen modul za automatizaciju procesa poslovanja hotela. On obuhvata evidenciju i upravljanje: gostima, sobama, boravcima gostiju, serviranim obrocima, rezervacijama, vođenje evidencije o statusima soba, porukama gostiju i prema gostima, naručenim buđenjima, telefonskim pozivima. Modul obuhvata i sve relevantne izveštaje potrebne za hotelsko poslovanje. Na slici **106** je prikazana ekranska forma za kreiranje boravka za goste.

Slika 106: Boravci hotelskih gostiju

5.2.13. Modul "PanTime"

"PanTime" je modul za vođenje evidencije o radnom vremenu zaposlenih. Uz modul se isporučuju i uređaji koji očitavaju beskontaktnu RFID karticu zaposlenog prilikom dolaska, odlaska sa posla kao i prilikom odlaska na službeno odsustvo ili pauzu. RFID predstavlja skraćenicu od Radio Frequency Identification (u slobodnom prevodu identifikacija pomoću radio talasa). RFID je perspektivna, savremena tehnologija koja se zasniva na daljinskom slanju i prijemu podataka pomoću RFID tag-a, izuzetno male "pločice" koja se lako ugrađuje u različite proizvode. Svrha RFID-ja je praćenje i identifikacija pomoću radio talasa.

Prilikom prijave zaposlenih na sistem uređaj evidentira njihov dolazak/odlazak tako što registruje broj njihove kartice, broj uređaja na kome su izvršili prijavu i tačno vreme. Takođe, on omogućava beleženje odsustva sa posla (bolovanja, godišnji odmori, neplaćeno odsustvo), kao i evidenciju mogućih posetilaca koji su ušli u preduzeće. Na slici **107** data je forma za ručno unošenje odsustva zaposlenog.

Slika 107: Evidencija odsustava zaposlenih

LITERATURA

[1] Shankarnarayanan, S. (2000), *ERP systems-using IT to gain a competitive advantage.* Internet: http://www.angelfire.com/co/troyc/advant.html, poslednji pristup: 23.12.2013.

[2] Stefanović D., Rakić – Skoković M., Krsmanović C. (2011), *Modern ICT as Support for The Resource Planning In Manufacturing and Business*, Strategic Management and Decision Support Systems in Strategic Management – Conference Proceedings of 16th International Scientific Symposium SM2011, Subotica.

[3] Lin H.Y., Hsu P.Y., Ting P.H. (2006), *ERP Systems Success: An Integration of IS Success Model and Balanced Scorecard,* Journal of Research and Practice in Information Technology, Vol. 38, No. 3, pp. 215-228.

[4] Bingi, P., Sharma, M. K., Godla, J. (1999), *Critical Issues Affecting an ERP Implementation.* Information Systems Management, 16(3), 7-14.

[5] Dewey, B. I., and DeBlois, P. B. (2006), *Current IT issues survey report,* 2006. EDUCAUSE Quarterly Magazine, 29(2), 12-30.

[6] Markus, M.L and Tanis, C. (2000), *The Enterprise Systems Experience: From adoption to success.* In RW. Zmud (Ed.), Framing the Domains of IT Research: Glimpsing the Future through the Past. Chapter 10. pp. 173-207. Cincinnati: Pinnaflex Educational Resources Inc.

[7] Pollock, N., Williams, R., and Procter, R. (2003), *Fitting standard software packages to non-standard organizations: The „biography" of an enterprise-wide system.* Technology Analysis and Strategic Management, 15(3), 317-332.

[8] Wagner, E. L., Scott, S. V., and Galliers, R. D. (2006), *The creation of 'best practice' software: Myth, reality and ethics.* Information and Organization, 16, 251-275.

[9] Nah, F.F.H., Lau, J.L.S., and Kuang, J (2001), *Critical Factors for Successful Implementation of Enterprise Systems.* Business Process Management Journal, Vol. 7 Issue 3, pp. 285-296.

[10] Davenport, T. (1998), *Putting the enterprise into the enterprise system, Harvard Business Review*, Vol. 76 No. 4, pp. 121-131.

[11] Davenport T. (2000), *Mission Critical: Realizing the Promise of Enterprise Systems*, Boston, Harvard Business School Press.

[12] Willcocks L.P. and Sykes R. (2000), *The role of the CIO and IT function in ERP.* Communication of the ACM, 43(4), 32-38.

[13] Moller, C. (2005), *ERP II: a conceptual framework for next-generation enterprise systems?* Journal of Enterprise Information Management, Volume 18, Number 4, pp. 483-497.

[14] Al-Mashari, M. (2003), *Enterprise resource planning (ERP) systems: a research agenda*, Industrial Management and Data Systems, Vol. 103 No. 1, pp. 22-27.

[15] Klaus H., Rosemann M., Gable G.G., (2000), *What is ERP? Information Systems Frontiers*, Vol. 2, No. 2, pp.141-162.

[16] Hallikainen P., Laukkanen S., Sarpola S., (2004), *Reasons for ERP Acquisition, Proceedings of the 6th International Conference on Enterprise Information Systems (ICEIS)*, Porto, Portugal, 2004, pp.1-4.

[17] Mabert, V. A., Soni, A. and Venkatraman, M. A. (2003), *The impact of organizational size on Enterprise Resource Planning (ERP) implementation in the US manufacturing sector.* Omega: International Journal of Management Science, 31(3), 235-246.

[18] van Everdingen Y., Hillegersberg, J., Waarts E., (2000), *ERP adoption by European Midsize Companies*, Communications of the ACM, Vol. 43, No. 4, pp.27-31.

[19] Hawkins, B. L., and Barone, C. A. (2003), *Assessing information technology: Changing the conceptual framework.* In P. A. McClure (Ed.), Organizing and managing information resources on your campus (pp. 129-145). San Francisco: Jossey-Bass.

[20] Hawking, P., Stein, A., and Foster, S. (2004), *Revisiting ERP systems: Benefit realisation.* Proceedings of the 37th Hawaii International Conference on System Sciences, Hawaii.

[21] Gartner, (2010), *"Gartner Says It Spending to Rebound in 2010 with 3.3 Percent Growth after Worst Year Ever in 200".* Internet: http://www.gartner.com/it/page.jsp?id=1209913, posledenji pristup: 23.12.2013.

[22] DeLone W. H. and McLean E. R. (1992), *Information Systems Success: The Quest for the Dependent Variable'*, Information Systems Research, 3 (1): 60-95.

[23] Rai, A., Lang, S., and Welker, R. (2002), *Assessing the Validity of Is Success Models: An Empirical Test and Theoretical Analysis*, Information Systems Research 13(1), pp. 50-69.

[24] Seddon, P. (1997), *A Respecification and Extension of the DeLone and McLean Model of IS Success.* Information Systems Research, 8(3): 240 – 253.

[25] Gable G. G., Sedera D., and Chan T. (2003), *Measuring enterprise systems success: A preliminary model.* In Proceedings of the 9th. AMCIS, Tampa, Florida, 2003, 576-591.

[26] Ifinedo P., (2006), *Extending the Gable et al. enterprise systems success measurement model: a preliminary study*. Journal of Information Technology Management, Vol. 17 No. 1, pp. 14-33.

[27] Koch, C. (2001), *BPR and ERP: Realising a vision of process with IT*. Business Process Management Journal, 7(3), 258-265.

[28] Martin, I., Cheung, Y. (2000), SAP and Business Process Reengineering. Business Process Management, 6(2), 131-121.

[29] Rao, S. S. (2000), *Enterprise Resource Planning in Reengineering Business*. Business Process Management Journal, 6(5), 376 – 391.

[30] Schrnederjans, M. J., Kim, G. C. (2003), *Implementing enterprise resource planning systems with total quality control and business process reengineering survey results*. International Journal of Operations and Production Management, 23(3/4), 418-429.

[31] Besson, P., Rowe, F. (2001), *ERP project dynamics and enacted dialogue: perceived understanding, perceived leeway, and the nature of task-related conflicts*. The DataBase for Advances in Information Systems, 32(4), 47-65.

[32] Gattiker, T. F., Goodhue, D. L. (2004), *Understanding the local-level costs and benefits of ERP through organizational information processing theory*. Information and management, 41(4), 431-443.

[33] Legare, T. L. (2002), *The role of organizational factors in realizing ERP benefits*. Information Systems Management, 19(4), 21-42.

[34] Newell, S., Huang, J. C., Galliers, R. D., Pan, S. L. (2003), *Implementing Enterprise Resource Planning and knowledge management systems in tandem: fostering efficiency and innovation complementarity*. Information and Organization, 13(1), 25-52.

[35] Shang, S. S. C., Seddon, P. B. (2000), *A comprehensive framework for classifying the benefits of ERP systems*. Proceedings of the 6th Americas Conference on Information Systems, Long Beach, California.

[36] Fisher, D. M., Fisher, S. A., Kiang, M. Y. and Chi. R. T. (2004), *Evaluating mid-level ERP software*. Journal of Computer Information Systems, 45(1), pp. 38-46.

[37] Laukkanen, S., Sarpola, S. and Hallikainen, P. (2005), *ERP system adoption – Does the size matter?* In: R. H. Sprague Jr. (Ed.), Proceedings of the 38th. Hawaii International Conference on System Sciences (HICSS-38), Hawaii: IEEE Computer Society Press, pp. 1-9.

[38] Zelenović, D. (2001), *Tehnologija organizacije i efektivni menadžment*. Fakultet tehničkih nauka, Novi Sad.

[39] Gomez-Mejia, Luis R.; David B. Balkin and Robert L. Cardy (2008), *Management: People, Performance, Change, 3rd edition*. New York, New York USA: McGraw-Hill. ISBN 978-0-07-302743-2.

[40] Zelenović D. (2004), *Upravljanje proizvodnim sistemima – drugo izdanje, edicija Tehničke nauke - udžbenici*, FTN izdavaštvo, Novi Sad.

[41] Wiener, N., (1950), *The Human Use of Human Beings*. Boston: Houghton Mifflin.

[42] Douma, S., Schreuder, H. (2002), *Economic Approaches to Organizations (Third Edition)*. Prentice Hall.

[43] Krsmanović C., Stefanović D., Stevanov B. (2006), *Actual Advancement Aspects Of Production Planning And Setup Processes Using By Contemporary Information Technology Tools*. Međunarodni naučno – stručni simpozijum INFOTEH – JAHORINA 2006, Jahorina, Bosna i Hercegovina, 22. – 24. mart 2006.

[44] Krsmanović C., Stefanović D. (2003), *Manufacturing Flow Control Automation as One of Many Steps to CIM Realization*. 8th International Conference On Flexible Technologies, Novi Sad, Serbia and Montenegro, 26. – 27. june 2003.

[45] Loizos, C. (1998). *ERP: Is it the ultimate software solution*. Industry Week 7, 33.

[46] Cruz-Cunha, M. M. and Varajao, J. (2011), *E-Business Issues, Challenges and Opportunities for SMEs: Driving Competitiveness, Business science reference*, Hershey, New York.

[47] G. Norris, J. R. Hurley, K. M. Hartley, J. R. Dunleavy, J. D. Balls, (2000), *E-Business and ERP: Transforming the Enterprise*. PricewaterhouseCoopers.

[48] Argyris, C. (1991), *Management information systems: the challenge to rationality and emotionalit.*, Management Science, 291.

[49] O'Brien, J. A. (2002), *Management Information Systems: Managing Information Technology in the E-Business Enterprise*. McGraw-Hill Higher Education.

[50] Davis, G. and Olson, M. (1985), *Management Information Systems*. New York: McGraw- Hill.

[51] Chen, I.J. (2001), *Planning for ERP systems: analysis and future trend*. Business Process Management Journal, Vol. 7 No.5, pp.374-386.

[52] McGaughey, R.E. & Gunasekaran, A. (2007), *Enterprise Resource Planning (ERP): Past, Present and Future*. International Journal of Enterprise Information Systems, Vol. 3, Issue 3, pp. 23-35.

[53] C. Ptak, E. Schragenheim, ERP: Tools, Techniques, and Applications for Integrating the Supply Chain, St. Lucie Press, Boca Raton, FL, 2000.

[54] Fosser, E, Leister, O H, Moe, C E & Newman, M. (2008) *Organisations and vanilla software: What do we know about ERP systems and competitive advantage?* Proceedings of ECIS 2008, Galway, Ireland, June 8-11.

[55] Kumar, K. and Van Hillsgersberg, J. (2000), *ERP experiences and evolution*. Communications of the ACM, 43(4), pp. 23-26.

[56] Miller, J.G., (1981), *Fit production systems to the task*. Harvard Business Review, pp. 145–154.

[57] Wight, O., (1984), *Manufacturing Resource Planning: MRP II*. Oliver Wight Ltd. Publications, Williston, VT.

[58] Wilson, F., Desmond, J., Roberts, H., (1994), *Success and failure of MRP II implementation*. British Journal of Management 5, pp. 221–240.

[59] O'Brien, J. (1999), *Management Information Systems*. McGraw-Hill Inc., London.

[60] Yusuf, Y., (1998), *An empirical investigation of enterprise-wide integration of MRPII*. International Journal of Operations and Productions Management 18 (1), pp. 66–86.

[61] Prasad, B., Sharma, M.K., Godla, J., (1999), *Critical issues affecting an ERP implementation*. Information Systems Management 16 (3), pp. 7–14.

[62] K. Slooten, L. Yap, (1999), *Implementing ERP information systems using SAP, in: Proceedings of the Americas Conference on Information Systems (ACIS)*. Milwaukee, WI, USA, August 13–15, pp. 226–228.

[63] Mandal, P., Gunasekaran, A., (2002), *Application of SAP R/3 in on-line inventory control*. International Journal of Production Economics 72, pp. 47–55.

[64] Rashid, M.A., Hossain, L. and Patrick, J. (2002), *The Evolution of ERP Systems: A Historical Perspective. Enterprise Resource Planning: Global Opportunities, Challenges and Solution*. Idea Group Publishing, USA, ISBN: 1-930708-36-X. pp. 1-16.

[65] Bond, B., Genovese, Y., Miklovoc, D., Wood, N., Zrinsek, B. and Rayner, N. (2000), *ERP Is Dead—Long Live ERP II*. Gartnergroup, New York, NY.

[66] Markus M.L., Petrie D. and Axline S. (2000), *Bucking the Trends: What the future may hold for ERP packages*. Information Systems Frontiers, Volume 2, Number 2, pp. 181-193.

[67] Gable, G., (1998), *Large package software: A neglected technology*. Journal of Global Information Management 6 (3), 3–4.

[68] Rosemann, M., (1999), *ERP software characteristics and consequences*. In: Proceeding of the 7th European Conference on Information Systems, 1999-ECIS99, Copenhagen, DK.

[69] J.L. Guffond, G. Leconte, (2004), *The ERP, powerful organizing tool of industrial change*. Journal of the Society Science, Special issue on ERP 2, pp. 61-73.

[70] Al-Mashari, M., and Al-Mudimigh, A. (2003), *ERP implementation: Lessons from a case study*. Information Technology and People, 16(1), pp. 21–29.

[71] Davenport, T. H., Harris, J. H., and Cantrell, S. (2004), *Enterprise systems and ongoing process change*. Business Process Management Journal, 10(1), pp. 16–26.

[72] Laframboise, K., and Reyes, R. (2005), *Gaining competitive advantage from integrating enterprise resource planning and total quality management*. Journal of Supply Chain Management, 41(3), pp. 49–64.

[73] O'Leary, D.E (2000), *Enterprise Recourse Planning Systems: Systems, Life cycle, Electronic Commerce and Risk*. Cambridge University Press, New York.

[74] Wallace, T.F., Kremzar, M.H. (2001), *ERP: Making it Happen (The Implementers' Guide to Success with Enterprise Resource Planning)*. New York, Wiley.

[75] Tadjer, R. (1998), *Enterprise resource planning*. Internet Week, Manhasset, April 13. pp. 710, 40-41.

[76] Shehab, E. M., Sharp, M. W., Supramaniam, L., and Spedding, T. A. (2004), *Enterprise resource planning An integrative review*. Business Process Management Journal, 10(4), pp. 359-389.

[77] Umble, E. J., Haft, R. R., and Umble, M. M. (2003), *Enterprise resource planning: Implementation procedures and critical success factors*. European Journal of Operational Research, 146, 241–257.

[78] Soh, C., and Sia, S. K. (2004), *An institutional perspective on sources of ERP package organisation misalignments*. Journal of Strategic Information Systems, 13(4), pp. 375-397.

[79] Boersma, K., and Kingma, S. (2005), *From means to ends: The transformation of ERP in a manufacturing company*. Journal of Strategic Information Systems, 14, pp. 197–219.

[80] Arif, M., Kulonda, D., Jones, J., and Proctor, M. (2005), *Enterprise information systems: technology first or process first?* Business Process Management Journal, 11(1), pp. 5-21.

[81] Kosalge, P. (2005), *Organisational Context and Business Process Analysis*. Proceedings of International Resource Management Association Conference, pp. 20-23.

[82] Wei, H., Wang, E.T.G., and Ju, P. (2005), *Understanding misalignment and cascading change of ERP implementation: a stage view of process analysis*. European Journal of Information Systems, 14(4), pp. 324-334.

[83] Blackstone Jr., J.H., Cox, J.F., (2005), *APICS Dictionary, 11th ed*. APICS: The Association for Operations Management.

[84] Weston, F.C. (2003), *ERP II: The extended enterprise system.* Business Horizons, Volume 46, Number 6, November 2003, pp. 49-55.

[85] Vandenbulcke, J. (2002), *Enterprises in the era of Web services: ERP to ERP II.* PICS Spring Symposium.

[86] Genoulaz, V. B., and Millet, P. A. (2005), *A classification for better use of ERP systems.* Computers in Industry, 56, pp. 573–587.

[87] Nicolaou, A. I. (2004), *Quality of post implementation review for enterprise resource planning systems.* International Journal of Accounting Information Systems, No. 5, pp. 25–49.

[88] Somers, T. M., and Nelson, K. G. (2004), *A taxonomy of players and activities across the ERP project life cycle.* Information and Management, 41, pp. 257–278.

[89] Ash, C. G., and Burn, C. M. (2003), *A strategic framework for the management of ERP enabled e-business change.* European Journal of Operational Research, No. 146, pp. 374–387.

[90] Boonstra, A. (2006), *Interpreting an ERP implementation project from a stakeholder perspective.* International Journal of Project Management, 24(1), pp. 38–52.

[91] Poston, R., and Grabski, S. (2001), *Financial impacts of enterprise resource planning implmentation.* Journal of Accounting Information Systems, 2(4), pp. 271-294.

[92] Ross, J. W. (1999), *Surprising facts about implementing ERP.* Tech. rept. IT Pro.

[93] Walsham G. (1995), *The Emergence of Interpretivism in IS Research.* Information Systems Research, 6(4), pp. 376-394.

[94] Somers, T., Nelson, K. (2001), *The Impact of Critical Success Factors across the Stages of Enterprise Resource Planning Implementations.* Proceedings of the Hawaii International Conference on Systems Sciences, Hawai.

[95] Harwood S. (2003), *ERP: The Implementation Cycle.* Butterwoth Heinemann publishing, Burlington (MA).

[96] Ehie, I.C., Madsen, M. (2005), *Identifying critical issues in enterprise resource planning (ERP) implementation.* Computers in Industry 56, pp. 545-557.

[97] Krammergaard P., Moller C. (2000), *A Research Framework for Studying the Implementation of enterprise resource planning systems.* 23rd information systems Research seminar in Scandinavia, Sweden, pp. 139-162.

[98] Lee, J., and Myers, M. (2004), *Enterprise Systems Implementation Failure: The Role of Organisational Defensive Routines.* In: Pacific Conference on Information Systems 2004 Proceedingsc.

[99] Holland, C. P., Light, B. (1999), *A critical success factors model for ERP implementation.* IEEE Software, 16(3), 30-36.

[100] Esteves J., Pastor J. (1999), *An ERP lifecycle-based Research Agenda.* 1st International Workshop on Enterprise Management Resource and Planning Systems EMRPS, Venice, Italy, pp. 359-371.

[101] Holland C., Light B., Gibson N. (1998), *Global Enterprise Resource Planning Implementation.* Americas Conference on Information Systems, Baltimore (USA).

[102] Bancroft, N., Seip, H., A., and Sprengel (1998), *Implementing SAP R/3: How to introduce a Large System into a Large organisation.* Greenwhich, CT: Manning publications.

[103] Somers, T., Nelson, K., and Ragowsky, A. (2000), *Enterprise Resource Planning ERP for the Next Millenium: Development of an Integrative Framework and Implications for Research.* In: Proceedings of Americas Conference on Information Systems AMCIS.

[104] Chang, S.I., Gable, G. (2000), *Major issues with SAP financials in Queensland government.* Proceedings of the 2000 Americas Conference on Information Systems, Long Beach, CA.

[105] Parr, A and Shanks, G (2000), *A Model of ERP Project Implementation.* Journal of Information Technology, Vol. 15, Issue 4, pp. 289-303

[106] Stefanović D., Rakić Skoković M., Mirković M., Anderla A., Rašić D. (2011), *Contemporary Software Business Suites as a Company's Competitive Advantage.* Proceedings / XV International Scientific Conference on Industrial Systems (IS'11), Novi Sad, Serbia, pp. 240-246.

[107] Light, B. (2005), *Going beyond 'misfit' as a reason for ERP package customisation.* Computers in Industry, 56, pp. 606-619.

[108] Krumbholz, M., Galliers, J., Coulianos, N., and Maiden, N. A. M. (2000), *Implementing enterprise resource planning packages in different corporate and national cultures.* Journal of Information Technology, 15, pp. 267-279.

[109] Grant, D., Hall, R., Wailes, N., and Wright, C. (2006), *The false promise of technological determinism: the case of enterprise resource planning systems.* New Technology, Work and Employment, 21(1), pp. 1-15.

[110] Parr A., Shanks G. (2000), *A Taxonomy of ERP Implementation Approaches.* Hawaii International Conference on Science Systems (HICSS), Maui (USA).

[111] Sheu, Chwen, Yen, H. R., and Krumwiede, D.W. (2003), *The effect of national differences on multinational ERP implementations: an exploratory study*. Total Quality and Business Excellence, 14(6), pp. 641-657.

[112] Nadhakumar, J., Rossi, M., and Talvienen, J. (2005), *The dynamic of contextual forces of ERP implementation*. Journal of Strategic Information Systems, 14, pp. 221-242.

[113] Arif, M., Kulonda, D., Jones, J., and Proctor, M. (2005), *Enterprise information systems: technology first or process first?* Business Process Management Journal, 11(1), pp. 5-21.

[114] Ward, J., Hemingway, C., E., and Daniel. (2005), *A framework for addressing the organisational issues of enterprise systems implementation*. Journal of Strategic Information System, 14(3), pp. 97-119.

[115] Kale V. (2000), *Implementing SAP R/3: The Guide for Business and Technology Managers*. SAMS, Indiana (USA).

[116] Summer, M. (1999), *Critical success factors in enterprise wide information management systems projects*. Paper presented at the Americas Conference on Information Systems (AMCIS).

[117] Huang, S., Hung, Y., Chen, H., & Ku, C. (2004), *Transplanting the Best Practice for Implementation of an ERP System: A Structured Inductive Study of an International Company*. Journal of Computer Information Systems, 44(4), pp. 101.

[118] Berente, N., Vandenbosch, B., and Aubert, B. (2009), *Information flows and business process integration*. Busines Process Management Journal, 15(1), pp. 119-141.

[119] Rishi, B.J., and Goyal, D.P. (2008), *Designing a model for the development of strategic information systems in Indian public sector undertakings*. International Journal of Business Information Systems, 3(5), pp. 529-548.

[120] Laudon, K.C., & Laudon, J.P. (2006), *Management Information Systems: Managing the Digital Film*. Prentice Hall.

[121] O'Brien, J. (1997), *Management Information Systems: a Managerial End User perspective*. Boston: McGraw Hill-Irwin inc.

[122] Lowe, A., and Locke, J. (2008), *Enterprise resource planning and the post bureaucratic organization "Formalization" as trust in the system versus "solidarity" as trust in individuals*. Information Technology and People, 21(4), pp. 375-400.

[123] Bingi, P., Sharma, M.K., and Golda, J.K. (2002), *Enterprise Systems*. Best practice series. Auerbach publications. Chap. 36, pp. 425-438.

[124] Sawah, S.E., Tharwat, A.E., and Rasmy, M.H. (2008), *A quantitative model to predict the Egyptian ERP implementation success index*. Busines Process Management Journal, 14(3), pp. 288-306.

[125] Monk, E.F., and Wagner, B.J. (2006), *Concepts in Enterprise Resource Planning*. Boston: Thomson Course Technology.

[126] Skok, W. (2001), *Potential Impact of Cultural Differences on Enterprise Resource Planning (ERP) Projects*. vol. 7.

[127] Heeks, R. (2002), *I-development not e-development: Understanding and implementing ICTs and development*. Journal of International Development, 14(1).

[128] Sia, S.K., and Soh, C. (2007), *An assessment of package-organisation misalignment: institutional and ontological structures*. European Journal of Information Systems, 16(5), pp. 568-583.

[129] Fenema, P.C. Van, Koppius, O.R., and Baalen, P.J. Van. (2007), *Implementing packaged enterprise software in multi-site firms: intensification of organizing and learning*. European Journal of Information Systems, 16(5), pp. 584-598.

[130] Pollock, N., and Conford, J. (2004), *ERP systems and the university as a "unique" organisation*. Information Technology and People, 17(1), pp. 31-52.

[131] Chiasson, M.W. and L.W. Green, L.W. (2007), *Questioning the IT artefact: user practices that can, could, and cannot be supported in packaged-software designs*. European Journal of Information Systems, 16(5), pp. 542-554.

[132] Beard, J. W., Summer, M. (2004), *Seeking strategic advantage in the post-net era: viewing ERP systems from the resource-based perspective*. Journal of Strategic Information Systems, 13(2), pp. 129-150.

[133] Ke, W., Wei, K. K., Chau, P., Deng, Z. (2003), *Organizational Learning in ERP Implementation: An Exploratory Study of Strategic Renewal*. Proceedings of the Ninth Americas Conference on Information Systems, Tampa, Florida, USA.

[134] Somers, T., Nelson, K. (2003), *The impact of strategy and integration mechanisms on enterprise system value: Empirical evidence from manufacturing firms*. European Journal of Operational Research, 146(2), pp. 315-338.

[135] Thomas, K. W. (2003), *ERP systems and the strategic management processes that lead to competitive advantage*. Information Resources Management Journal, 16(4), pp. 46-67.

[136] Sarker, S., Lee, A. S. (2003), *Using a case study to test the role of three key social enablers in ERP implementation*. Information & Management, 40(8), pp. 813-829.

[137] Nah, F. F. H. and Delgado, S. (2006), *Critical Success Factors for Enterprise Resource Planning Implementation and Upgrade.* Journal of Computer Information Systems, Vol. 47, special issue, Encyclopedia of Information Science and Technology. IDEA Group, pp. 99-113.

[138] Leopoldo, E. and Otieno, J. (2005), *Critical Success Factors of ERP implementation.* pp. 628-633.

[139] Reich, B. H., and Benbasat, I. (1990), *An Empirical Investigation of Factors Influencing The Success of Customer-Oriented Strategic Systems.* Information Sytems Research, 1(3), pp. 325-347.

[140] Nadhakumar, J. (1996), *Design For Success?: Critical Success Factors in Executive Information Systems Development.* European Journal of Information Systems, 5(1), pp. 62-72.

[141] Shanks, G., Parr, A., Hu, B., Corbitt, B., Thanasankit, T., Seddon, P. B. (2000), *Differences in critical success factors in ERP systems implementation in Australia and China: a cultural analysis.* Proceedings of the European Conference on Information Systems, Vienna, Austria.

[142] Sarker, S. and Lee, A. S. (2002), *Using Positivist Case Research Methodology to Test Three Competing Theories in Use of Business Process Redesign.* Journal of the Association for Information Systems, 2(7), pp.1-72.

[143] Robey, D. and Ross, J.W. (2002), *Learinng to Implement Enterprise Systems: An Exploratory Study the Dialects of Change.* Journal of Management Information Systems, 19(1), pp. 17.

[144] Esteves, J. and Pastor, J. (2001), *Enterprise Resource Planning Systems Research: An annotated bibliography.* Communications of AIS, 7(8), pp. 1-51.

[145] Maier, J.L., Rainer, Jr. K. and Synder, C. (1997), *Environment scanning for information technology: an emperical investigation.* Journal of Management Information Systems, 14(2), pp. 91-115.

[146] Lederer, A. and Mendelow, A.L. (1993), *Information systems planning and the challenge of shifting priorities.* Information and Management, 24(6), pp. 319-328.

[147] Sprott, D. (2000), *Componentizing The Enterprise Applications Packages.* Communication of the ACM, 43(3), pp. 63-69.

[148] Poba-Nzaou, P., Raymond, L., and Fabi, B. (2008), *Adoption and risk of ERP systems in manufacturing SMEs: a positivist case study.* Business Process Management Journal, 14(4), pp. 530-550.

[149] Norris, G., Hurley, J.R., Hartley, K.M., Dunleavy, J.R., and Balls, J.D. (2000), *E-business and ERP: Transforming the Enterprise.* Wiley.

[150] Yu, C-S. (2005), *Causes influencing the effectiveness of the post-implementation ERP system.* Industrial Management and Data Systems, 105(1), pp. 115-132.

[151] Botta-Genoulaz, V., Millet, P.A., and Grabot, B. (2005), *A survey on the recent research literature on ERP systems.* Computers in Industry, 56, pp. 510-522.

[152] Holland, C. P., and Light, B. (2003), *A framework for understanding success and failure in enterprise resource planning system implementation.* In G. Shanks, P. B. Seddon, and L. P. Willcocks (Eds.), Second-wave enterprise resource planning systems (pp. 180-195). United Kingdom: Cambridge University Press.

[153] *Upotreba informaciono – komunikacionih tehnologija u Republici Srbiji,* (2010). Republika Srbija - Republički zavod za statistiku. Internet: http://webrzs.stat.gov.rs/WebSite/repository/documents/00/00/10/39/PressICT20 10.pdf, poslednji pristup: 23.12.2013.

[154] Sedera, D., Gable, G. and Chan, T. (2004), *Measuring enterprise systems success: the importance of a multiple stakeholder perspective.* In: T. Leino, T. Saarinen and S. Klein (Eds.), Proceedings of the 12th European Conference on Information Systems, Turku, Finland: ECIS Press (AIS e-Library), pp. 1-13.

[155] Olson, D.L. (2004), *Managerial Issues of Enterprise Resource Planning Systems.* McGraw-Hill.

[156] *Panorama Consulting Group.* ERP Vendor Analysis Report (2010). Internet: http://panorama-consulting.com/resource-center/2010-erp-vendor-analysis/, poslednji pristup: 23.12.2013.

[157] *Preduzeća u Republici Srbiji, prema veličini,* (2009), Republika Srbija - Republički zavod za statistiku, ISSN 1820 – 0141, God. — XLVI Beograd, jul 2010. Broj 70.

[158] Hejlsberg, A., Wiltamuth, S., & Golde, P. (2003). *C# language specification.* Addison-Wesley Longman Publishing Co., Inc.

[159] Esposito, D. (2002). *Building web solutions with ASP. NET and ADO. NET.* Microsoft Press.

[160] Kimmel, P. T. (2010). *Professional DevExpress ASP. NET Controls.* John Wiley & Sons.

[161] Thai, T., & Lam, H. (2003). *.NET framework essentials.* " O'Reilly Media, Inc.".

[162] Nathan, A. (2006). *Windows Presentation Foundation Unleashed.* Pearson Education.

[163] Alonso, G., Casati, F., Kuno, H., & Machiraju, V. (2004). *Web services* (pp. 123-149). Springer Berlin Heidelberg.

[164] Sandvig, J. C. (2004). *Active Server Pages.* The Internet Encyclopedia.

[165] Meijer, E., & Gough, J. (2001). *Technical overview of the common language runtime.* language, 29, 7.

[166] Box, D., Ehnebuske, D., Kakivaya, G., Layman, A., Mendelsohn, N., Nielsen, H. F., ... & Winer, D. (2000). *Simple object access protocol (SOAP) 1.1.*

[167] Pemberton, S. (2000). *XHTML™ 1.0 the extensible hypertext markup language.* W3C Recommendations, 1-11.

[168] Scollo, C., & Shumann, S. (1999). *Professional PHP programming.* Wrox Press Ltd.

[169] Fields, D. K., Kolb, M. A., & Bayern, S. (2001). *Web Development with Java Server Pages.* Manning Publications Co.

[170] Beynon-Davies, P., Carne, C., Mackay, H., & Tudhope, D. (1999). *Rapid application development (RAD): an empirical review.* European Journal of Information Systems, 8(3), 211-223.

[171] Moroney, L. (2009). *Introducing Microsoft Silverlight 3.* Microsoft press.

PRILOG A
EKRANSKE FORME I IZVEŠTAJI

- prototip integrisanog softverskog rešenja za
planiranje proizvodnje i pripremu procesa rada -

Prikaz dela ekranskih formi i izveštaja razvijenih u okviru prototipa aplikacije za upravljanje procesom planiranja proizvodnje i pripreme procesa rada a koji nisu prikazani u poglavlju koje se bavi rezultatima istraživanja. Ekranske forme i izveštaji su prikazani sa test podacima.

Slika A1: Prijava korisnika na sistem i verifikacija prijave

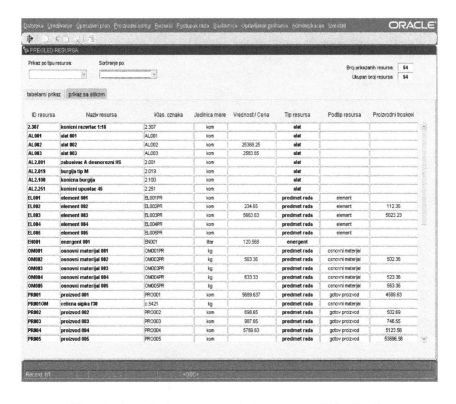

Slika A2: Ekranska forma za pregled resursa – tabelarni prikaz

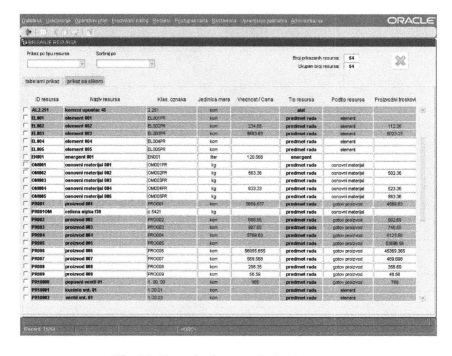

Slika A3: Ekranska forma za brisanje resursa

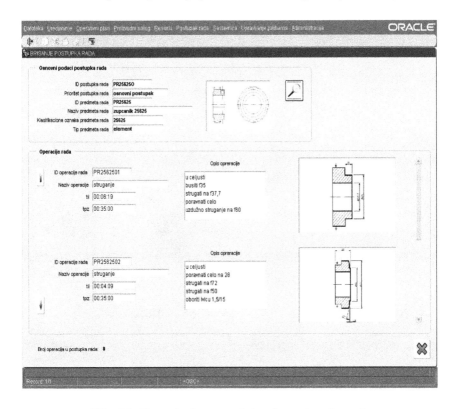

Slika A4: Ekranska forma za brisanje postupaka rada

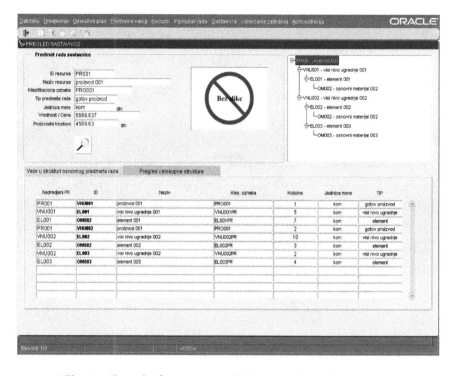

Slika A5: Ekranska forma za pregled sastavnica predmeta rada

Pregled radnih listi radnog naloga

ID radnog naloga: RN002001

ID radne liste	ID radnog mesta	Naziv rad. mesta	ID opr. rada	Naziv opr. rada	ID postupka rada
RL00200101	RM111	radno mesto 111	PR00101	operacija 001	PR001O
RL00200102	RM112	radno mesto 112	PR00102	operacija 002	PR001O
Broj radnih listi: 2					

ID radnog naloga: RN002002

ID radne liste	ID radnog mesta	Naziv rad. mesta	ID opr. rada	Naziv opr. rada	ID postupka rada
RL00200201	RM111	radno mesto 111	PRVNU00101	operacija 001	PRVNU001
RL00200202	RM112	radno mesto 112	PRVNU00102	operacija 002	PRVNU001
Broj radnih listi: 2					

ID radnog naloga: RN002003

ID radne liste	ID radnog mesta	Naziv rad. mesta	ID opr. rada	Naziv opr. rada	ID postupka rada
RL00200301	RM112	radno mesto 112	PREL00101	operacija 001	PREL001
Broj radnih listi: 1					

ID radnog naloga: RN002004

ID radne liste	ID radnog mesta	Naziv rad. mesta	ID opr. rada	Naziv opr. rada	ID postupka rada
RL00200401	RM114	radno mesto 114	PRVNU00201	operacija 01	PRVNU002
RL00200402	RM113	radno mesto 113	PRVNU00202	operacija 02	PRVNU002
RL00200404	RM112	radno mesto 112	PRVNU00204	operacija 04	PRVNU002
RL00200403	RM115	radno mesto 115	PRVNU00203	operacija 03	PRVNU002
Broj radnih listi: 4					

ID radnog naloga: RN002005

ID radne liste	ID radnog mesta	Naziv rad. mesta	ID opr. rada	Naziv opr. rada	ID postupka rada
RN00200501	RM112	radno mesto 112	PREL00201	operacija 01	PREL002O
RN00200502	RM111	radno mesto 111	PREL00202	operacija 02	PREL002O
RN00200503	RM112	radno mesto 112	PREL00203	operacija 03	PREL002O
Broj radnih listi: 3					

ID radnog naloga: RN002006

ID radne liste	ID radnog mesta	Naziv rad. mesta	ID opr. rada	Naziv opr. rada	ID postupka rada
RN00200601	RM113	radno mesto 113	PREL00302	operacija 02	PREL003O
RN00200603	RM113	radno mesto 113	PREL00303	operacija 03	PREL003O
RN00200605	RM112	radno mesto 112	PREL00305	operacija 05	PREL003O
RN00200602	RM115	radno mesto 115	PREL00301	operacija 01	PREL003O
Broj radnih listi: 4					

Slika A6: Izveštaj – pregled radnih listi radnog naloga

Pregled strukture radnog naloga

Nivo	ID resursa	Naziv	ID RN	Nadredjeni Rn	Kolicina	JM	Tip
1	PR001	proizvod 001	RN002001		100	kom	gotov proizvod
2	VNU001	visi nivo ugradnje 001	RN002002	RN002001	100	kom	visi nivo ugradnje
3	EL001	element 001	RN002003	RN002002	500	kom	element
2	VNU002	visi nivo ugradnje 002	RN002004	RN002001	200	kom	visi nivo ugradnje
3	EL002	element 002	RN002005	RN002004	2000	kom	element
3	EL003	element 003	RN002006	RN002004	400	kom	element
Broj radnih naloga:	6						

Slika A7: Izveštaj – pregled strukture radnog naloga

Pregled trebovanja po strukturi radnog naloga

ID RADNOG NALOGA: RN001002
ID RADNE LISTE: RL00100201

ID trebovanja	ID resursa	Naziv resursa	Trebovana kolicina	Kolicina na stanju	JM
TR00100205	PR10007	zaptivnik vnt. 01	50	0	kom
TR00100203	PR10004	vreteno vnt. 01	50	0	kom
TR00100202	PR10003	ventil vnt. 01	50	0	kom
TR00100206	PR10008	tocak vnt. 01	50	0	kom
TR00100201	PR10001	kuciste vnt. 01	50	80	kom
TR00100204	PR10005	gornji deo vnt. 01	50	0	kom
Broj trebovanja po RL:	6				
Broj trebovanja po RN:	6				
Ukupna broj trebovanja:	6				

Slika A8: Izveštaj – pregled trebovanja po strukturi radnog naloga

Pregled trebovanja po strukturi radnog naloga

ID RADNOG NALOGA: RN002001

ID RADNE LISTE: RL00200101

ID trebovanja	ID resursa	Naziv resursa	Trebovana kolicina	Kolicina na stanju	JM
TR00200102	VNU002	visi nivo ugradnje 002	200	324	kom
TR00200101	VNU001	visi nivo ugradnje 001	100	12	kom
Broj trebovanja po RL:	2				
Broj trebovanja po RN:	2				

ID RADNOG NALOGA: RN002002

ID RADNE LISTE: RL00200201

ID trebovanja	ID resursa	Naziv resursa	Trebovana kolicina	Kolicina na stanju	JM
TR00200201	EL001	element 001	500	10100	kom
Broj trebovanja po RL:	1				
Broj trebovanja po RN:	1				

ID RADNOG NALOGA: RN002004

ID RADNE LISTE: RL00200401

ID trebovanja	ID resursa	Naziv resursa	Trebovana kolicina	Kolicina na stanju	JM
TR00200402	EL003	element 003	400	0	kom
TR00200401	EL002	element 002	2000	9900	kom
Broj trebovanja po RL:	2				
Broj trebovanja po RN:	2				

| Ukupna broj trebovanja: | 5 | | | | |

Slika A9: Izveštaj – pregled trebovanja po strukturi radnog naloga

Pregled trebovanja radne liste

ID radne liste: RL00100201

ID trebovanja	ID resursa	naziv resursa	tip	podtip	kolicina za trebovanje	jedinica mere
TR00100201	PR10001	kuciste vnt. 01	predmet rada	element	50	kom
TR00100202	PR10003	ventil vnt. 01	predmet rada	element	50	kom
TR00100203	PR10004	vreteno vnt. 01	predmet rada	element	50	kom
TR00100204	PR10005	gornji deo vnt. 01	predmet rada	element	50	kom
TR00100205	PR10007	zaptivnik vnt. 01	predmet rada	element	50	kom
TR00100206	PR10008	tocak vnt. 01	predmet rada	element	50	kom
Broj trebovanja radne liste: 6						

Slika A10: Izveštaj – pregled trebovanja radne liste

Pregled trebovanih resursa
po strukturi predmeta rada radnog naloga

ID radnog naloga: RN001002		Predmeta rada radnog naloga: PR10000			
ID predmeta rada	kolicina po jedinici nadredjenog PR	kolicina osnovnog PR na radnom nalogu	potrebna kolicina za realizaciju radnog naloga	kolicina predmeta rada na trebovanju	jedinica mere
PR10001	1	50	50	50	kom
PR10003	1	50	50	50	kom
PR10004	1	50	50	50	kom
PR10005	1	50	50	50	kom
PR10007	1	50	50	50	kom
PR10008	1	50	50	50	kom
Broj PR na prvom nivou u strukturi osnovnog PR: 6					

Slika A11: Izveštaj – pregled trebovanih resursa po strukturi predmeta rada radnog naloga

Pregled trebovanih resursa radne liste
po strukturi predmeta rada radnog naloga

ID radnog naloga: RN002001	ID radne liste: RL00200101	Predmet rada radnog naloga: PR001			
ID predmeta rada	kolicina po jedinici nadredjenog PR	kolicina osnovnog PR na radnom nalogu	potrebna kolicina za realizaciju radnog naloga	kolicina predmeta rada na trebovanju	jedinica mere
VNU001	1	100	100	100	kom
VNU002	2	100	200	200	kom
Broj PR na prvom nivou strukture osnovnog PR: 2					

Slika A12: Izveštaj – pregled trebovanih resursa radne liste po strukturi predmeta rada radnog naloga

Pregled stanja skladista

ID skladista **SK002DVNU**   Naziv skladista: **skl. delova i VNU 001**

ID resursa	Naziv	Tip	Kolicina	JM
PR25625	zupcanik	predmet rada	480	kom
PR77120010	zupcanik 77120010	predmet rada	12	kom
VNU001	visi nivo ugradnje 001	predmet rada	12	kom
VNU002	visi nivo ugradnje 002	predmet rada	324	kom
VNU003	visi nivo ugradnje 003	predmet rada	321	kom
VNU005	visi nivo ugradnje 005	predmet rada	321	kom
VNU004	visi nivo ugradnje 004	predmet rada	12	kom
EL001	element 001	predmet rada	10100	kom
EL002	element 002	predmet rada	9900	kom
PR700375E	bolzen	predmet rada	1000	kom
PR700961E	osovinica	predmet rada	700	kom
PR702936E	osovinica	predmet rada	12	kom
PR10001	kuciste vnt. 01	predmet rada	80	kom
Broj resursa u skladistu: 13				

Slika A13: Izveštaj – pregled stanja pojedinačnog (izabranog) skladišta

Pregled stanja svih skladista

ID skladista: **SK001AL**   Naziv skladista: **skladiste alata**

ID resursa	Naziv	Tip	Kolicina	JM
2.307	konicni razvrtac 1:16	alat	100	kom
AL001	alat 001	alat	10	kom
AL002	alat 002	alat	10000	kom
Broj resura u skladistu: 3				

ID skladista: **SK002DVNU**   Naziv skladista: **skl. delova i VNU 001**

ID resursa	Naziv	Tip	Kolicina	JM
PR25625	zupcanik	predmet rada	480	kom
PR77120010	zupcanik 77120010	predmet rada	12	kom
VNU001	visi nivo ugradnje 001	predmet rada	12	kom
VNU002	visi nivo ugradnje 002	predmet rada	324	kom
VNU003	visi nivo ugradnje 003	predmet rada	321	kom
VNU005	visi nivo ugradnje 005	predmet rada	321	kom
VNU004	visi nivo ugradnje 004	predmet rada	12	kom
EL001	element 001	predmet rada	10100	kom
EL002	element 002	predmet rada	9900	kom
PR700375E	bolzen	predmet rada	1000	kom
PR700961E	osovinica	predmet rada	700	kom
PR702936E	osovinica	predmet rada	12	kom
PR10001	kuciste vnt. 01	predmet rada	80	kom
Broj resura u skladistu: 13				

Slika A14: Izveštaj – pregled stanja svih skladišta

PRILOG B

VEB UPITNIK

- ERP sistemi u organizacijama u Srbiji -

Upitnik koji je pred Vama predstavlja uvodni deo istraživanja merenja uspeha, odnosno efektivnosti implementiranih ERP sistema u organizacijama u Srbiji. Prikupljeni rezultati će biti korišćeni isključivo u naučnoistraživačke svrhe. Potrebno je popuniti sva polja u prostoru koji je za to naznačen. Unapred se zahvaljujemo na izdvojenom vremenu.

1. Oblast rada Vaše organizacije / tip poslovanja:

- ⚪ Poljoprivreda, lov, šumarstvo i vodoprivreda
- ⚪ Ribarstvo
- ⚪ Vađenje ruda i kamena
- ⚪ Prerađivačka industrija
- ⚪ Proizvodnja i snabdevanje električnom energijom, gasom i vodom
- ⚪ Građevinarstvo
- ⚪ Trgovina na veliko imalo
- ⚪ Hoteli i restorani

- ⚪ Saobraćaj, skladištenje i veze
- ⚪ Finansijsko posredovanje
- ⚪ Aktivnosti u vezi sa nekretninama, iznajmljivanje i poslovne aktivnosti
- ⚪ Državna uprava i odbrana
- ⚪ Obrazovanje
- ⚪ Zdravstveni i socijalni rad
- ⚪ Ostale komunalne, društvene i lične uslužne delatnosti

Drugo (navesti):

---

2. Veličina Vaše organizacije:

- ⚪ Mikro (0-9 zaposlenih)
- ⚪ Mala (10-49 zaposlenih)
- ⚪ Srednja (50-249 zaposlenih)
- ⚪ Velika (250 i više zaposlenih)

3. Koje je Vaše radno mesto / pozicija u organizaciji?

178

4. Razlozi (motivacija) za implementaciju ERP sistema:
(Rangiranje na skali: 1 = Nevažno, 2 = Donekle nevažno, 3 = I važno i nevažno, 4 = Donekle važno, 5 = Važno)

	1	2	3	4	5
Zamena starih (nasleđenih) sistema	○	○	○	○	○
Pojednostavljenje i standardizacija sistema	○	○	○	○	○
Lakoća nadogradnje (unapređenje) sistema	○	○	○	○	○
Rešavanje problema vezanih za 2000. godinu	○	○	○	○	○
Sticanje strateške prednosti	○	○	○	○	○
Pritisak da se održi korak sa konkurencijom	○	○	○	○	○
Integracija ka globalnim aktivnostima	○	○	○	○	○
Poboljšanje interakcije sa dobavljačima i kupcima	○	○	○	○	○
Restrukturiranje organizacije	○	○	○	○	○

5. Navedite proizvođača ERP sistema koji je implementiran u Vašoj organizaciji:

○ SAP   ○ Digit doo
○ Oracle   ○ Saga Infotech
○ Microsoft   ○ M&I Systems, Co
○ Epicor Software   ○ IIB društvo za informatički inženjering doo
○ Sage   ○ ASW Inženjering
○ Infor Global solutions   ○ ABSoft

Drugo (navesti):
[   ]

6. Koji moduli ERP sistema su implementirani u Vašoj organizaciji?
(Navesti sve module koji su implemetirani)

☐ Upravljanje životnim ciklusom proizvoda (PLM)   ☐ Upravljanje odnosima s korisnicima (CRM)
☐ Prodaja i distribucija   ☐ Maloprodaja
☐ Upravljanje materijalima   ☐ Transport / Logistika
☐ Upravljanje skladištima   ☐ Napredno planiranje / Upravljenje lancem snabdevanja
☐ Proizvodnja   ☐ Poslovna inteligencija
☐ Finansije i računovodstvo   ☐ Upravljenje kvalitetom
☐ Upravljanje investicijama   ☐ Održavanje
☐ Ljudski resursi

Drugo (navesti):
[   ]

7. Koliko godina je prošlo od kako je Vaša organizacija završila implementaciju izabranog ERP sistema?

○ < 1 godine
○ 1 – 3 godine
○ > 3 godine

8. Koliko je po Vašem mišljenju potrebno vremena da bi se u organizaciji osetile koristi i/ili procenio uspeh, odnosno efektivnost implementiranog ERP sistema?

○ < 1 godine
○ 1 – 2 godine
○ 2 – 3 godine
○ > 3 godine

9. Da li Vaša organizacija procenjuje koristi i uticaje implementiranog ERP sistema na organizaciju? (npr. uticaj ERP sistema na pojedinca, grupu / odeljenje / sektor ili organizaciju)

○ Da

○ Ne

Ako procenjuje, navedite na koji način:

10. Da li bi ste Vi i/ili Vaša organizacija učestvovali u istraživanju merenja uspeha, odnosno efektivnosti implementiranih ERP sistema u organizacijama u Srbiji?

○ Da

○ Ne

Ako da, upišite kontakt podatke: Prezime, ime, e-mail adresu ili telefon.

Done

PRILOG C

PITANJA ZA INTERVJUE

- korišćena tokom posete izabranim organizacijama -

Predstavljanje i svrha istraživanja.

Napomena: Prikupljeni rezultati će biti korišćeni isključivo u naučnoistraživačke svrhe.

1. Oblast rada Vaše organizacije, odnosno tip poslovanja:

(npr: Finansijsko posredovanje, Prerađivačka industrija, Saobraćaj, skladištenje i veze, Trgovina na veliko i malo itd.)

2. Koliko ljudi Vaša organizacija trenutno zapošljava?

(veličina organizacije)

3. Koje je Vaše radno mesto / pozicija / odeljenje u organizaciji?

4. Koji sistem je bio u upotrebi u organizaciji pre implementacije ERP sistema?

5. Ko je inicirao proces usvajanja / implementacije ERP sistema?

6. Zašto je ERP sistem usvojen / implementiran u organizaciji?

7. Koji ERP sistem je implementiran u Vašoj organizaciji?

(na primer: SAP, Microsoft, Oracle, M&I Systems, AB Soft itd.)

8. Koji moduli ERP sistema su implementirani u Vašoj organizaciji?

9. Koje godine je Vaša organizacija započela a koje završila implementaciju ERP sistema?

10. Ko je zadužen za održavanje i unapređenje ERP sistema?

(Outsourcing i/ili IT odeljenje organizacije)

11. Koje kvalitete / vrednosti / koristi Vaša organizacija povezuje sa implementiranim ERP sistemom?

(npr. ERP sistem je lak za korišćenje ili nije, podaci su tačni ili nisu, olakšava obavljanje zadataka ili ne)

12. Koje uticaje Vaša organizacija povezuje sa implementiranim ERP sistemom?

(Uticaj – efekat nečega na nešto i/ili nekoga, ili ishod; npr. uticaj ERP sistema na pojedinca ili na organizaciju)

13. Šta Vaša organizacija čini da poveća pozitivne uticaje ERP sistema?

14. Da li i na koji način Vaša organizacija procenjuje kvalitete / vrednosti / koristi i uticaje implementiranog ERP sistema?

15. Na koji način se ERP sistemi mogu smatrati strateškim?

16. Kakva je veza ERP sistema i sosobnosti organizacije za promenama?

17. Koju ulogu ima *Enterprise Architecture* u implementaciji ERP sistema?

18. Da li bi ste mogli da date ili obezbedite saglasnost za učešće Vaše organizacije u istraživanju merenja uspeha, odnosno efektivnosti implementiranog ERP sistema u organizaciji a koje bi podrazumevalo učešće krajnjih korisnika ERP sistema (zaposlenih u organizaciji)?

(prikupljanje podataka o uspehu, odnosno efektivnosti implementiranog ERP sistema putem upitnika)

Da li želite da dodate još nešto u vezi sa implementiranim ERP sistemom u Vašoj organizaciji:

HVALA

BELEŠKE

www.ingramcontent.com/pod-product-compliance
Lightning Source LLC
Chambersburg PA
CBHW070946050326
40689CB00014B/3364